荆风楚韵

湖北荆州传承发展荆楚文化研究

曹流 ◎ 著

九州出版社
JIUZHOUPRESS

图书在版编目（CIP）数据

荆风楚韵：湖北荆州传承发展荆楚文化研究／曹流
著 .-- 北京：九州出版社，2025.5.--ISBN 978-7
-5225-3613-2

Ⅰ.G127.63

中国国家版本馆 CIP 数据核字第 20254DC212 号

荆风楚韵：湖北荆州传承发展荆楚文化研究

作　者　曹　流　著
责任编辑　沧　桑
出版发行　九州出版社
地　　址　北京市西城区阜外大街甲 35 号（100037）
发行电话　（010）68992190/3/5/6
网　　址　www.jiuzhoupress.com
印　　刷　北京旺都印务有限公司
开　　本　720 毫米 ×1000 毫米　16 开
印　　张　13
字　　数　224 千字
版　　次　2025 年 5 月第 1 版
印　　次　2025 年 5 月第 1 次印刷
书　　号　ISBN 978-7-5225-3613-2
定　　价　88.00 元

目 录
CONTENTS

荆风楚韵：湖北荆州传承发展荆楚文化研究

第一章　绪论

第一节　研究概述

一、研究缘起

荆风楚韵，气象万千。

荆州是华夏上古九州之一，从旧石器时代至今书写下无数的文化瑰丽篇章。三千年楚郢，钟灵毓秀；九百里荆江，流光溢彩。在广袤的荆州大地，以楚文化为代表的荆楚文化博大精深，绚烂多姿，精彩纷呈，被誉为"湖北代表、国家品牌、世界遗产"。

时光流转、承古拓今，形式变换、文脉不息。进入新时代，荆楚文化依然是荆州发展的坚实根基和力量源泉。2023 年《湖北省流域综合治理和统筹发展规划纲要》出台，作为湖北建设全国构建新发展格局先行区的"路线图"和"任务书"，明确支持荆州建设江汉平原高质量发展示范区，赋予荆州建设"荆楚文化保护传承示范区"时代使命。如何传承，怎样示范？需要我们更加坚定文化自信，更深领悟中华优秀传统文化，更好践行"两个结合"，更加自觉担负起新的文化使命，乘势而上、顺势而为，以更大力度推进荆楚文化创造性转化、创新性发展，既执着坚守又开拓突破，既深入发掘地域文化特质的优秀因子，又准确把握现代文明精髓的核心要义，在融会贯通中蒸腾伟力，不断开辟马克思主义和中华优秀传统文化相结合的新境界，真正为荆州发展铸魂赋能。

在专题调研、论证规划的基础上，本书提出以习近平新时代中国特色社会主义思想特别是习近平文化思想为指导，深入学习贯彻党的二十大和二十届二中、三中全会精神，全面贯彻落实习近平总书记关于文化传承发展的一系列重要论述和考察湖北重要讲话精神，以高度的文化自觉、坚定的文化自信，按照湖北省第十二次党代会决议部署，立足优势，彰显特色，进一步保护好、传承好、发展利用好荆楚文化资源，加快推动荆州建设荆楚文化传承发展中心，努力走出一条传承发展荆楚文化的新路，绘就一幅波澜壮阔的荆州人文画卷，为推进中国式现代化、建设中华民族现代文明、实现中华民族伟大复兴积蓄磅礴之势，爆发中国力量，做出荆楚贡献。

二、重要意义

2023 年 6 月 2 日，习近平总书记在文化传承发展座谈会上指出，在新的起点上继续推动文化繁荣、建设文化强国、建设中华民族现代文明，是我们在新时代新的文化使命。他强调，在五千多年中华文明深厚基础上开辟和发展中国特色社会主义，把马克思主义基本原理同中国具体实际、同中华优秀传统文化相结合是必由之路。

2024 年 11 月 4 日至 6 日，习近平总书记在湖北考察时，更有针对性地对湖北提出明确要求。他指出，要继续加强考古研究，提高文物保护水平，为弘扬中华优秀传统文化、增强文化自信提供坚实支撑，让中华文明瑰宝永续留存、泽惠后人，激励人们不断增强民族自豪感和自信心。他强调，湖北历史文化底蕴深厚、红色资源丰富，要在加强文化资源保护和推动文化创新发展上担当使命。系统推进历史文化遗产保护传承和活化利用，加强长江文明溯源研究和传播展示……实施文化惠民工程，积极发展新型文化业态，把更多优质文化产品和服务送到群众身边。打造精品文旅品牌和线路，把文化旅游业培育成为支柱产业。

　　能看到多远的过去，就能看到多远的未来。建设中华民族现代文明、实现中华民族伟大复兴，奋力谱写中国式现代化湖北篇章，需要文化的凝聚，需要文化的熔铸，需要文化的涵养。传承弘扬荆楚文化，荆州首当其冲，也责无旁贷。荆州全力打造荆楚文化保护传承示范区，加快建设荆楚文化传承发展高地，将荆楚文化保护好、利用好、传承好，不仅要塑其形，还要传其神，更要铸其魂，澎湃精神脉动，绘就文化胜景，使命光荣，意义重大。

（一）树立建设中华现代文明、促进民族伟大复兴的国家新典范

　　独特的文化传统，独特的历史命运，独特的基本国情，注定了我们必然要走适合自己特点的发展道路。中国式现代化深深植根于中华优秀传统文化，是赓续古老文明的现代化，是中华民族的旧邦新命，赋予中华文明以现代力量，必将推动中华文明重焕荣光。中华文明为中国式现代化积淀深厚的文化底蕴，提供强大的精神支撑，积累丰富的经验智慧，让中国特色社会主义道路有了更加宏阔深远的历史纵深，拓展了中国特色社会主义道路的文化根基。荆楚文化自古以来一直是人类大河文明、中国长江文化的优秀代表。荆州鸡公山遗址是中国最早发现的旧石器时代的远古人类在平原地区的活动遗迹，把人类开发江汉平原的历史提早了四万年至五万年左右。几千年来，荆州农业生产发达，是世界唯一持续不断进化至今的稻作文化中心。春秋战国时期，楚人筚路蓝缕，博采众长，以荆州为中心，后来居上，创造了内可与黄河流域中原文化相辉映、外可与同时期古希腊雅典文化相媲美的楚文化。荆州人民治理荆江特别是"98抗洪"的伟大历史和丰功伟绩彪炳史册，凝结其中的抗洪精神成为中华民族珍贵的精神财富。荆州建设荆楚文化传承发展高地，擘画荆楚文化的整体性保护、系统性展示、活态化传承和创新性利用，有利于既守好中国式现代化的本和源、根和魂，又古为今用、推陈出新，促进中华优秀传统文化的创造性转

化和创新性发展，赓续革命文化红色基因，繁荣社会主义先进文化，为努力建设中华民族现代文明、全面推进中华民族伟大复兴提供荆州样板。

（二）创建彰显中华精神、弘扬荆楚文化的人文新地标

中华文明是中华民族独特的精神标识，是当代中国文化的根基，也是中国文化创新的宝藏。万里长江造就了从巴山蜀水到江南水乡的千年文脉，是中华民族的代表性符号和中华文明的标志性象征，是涵养社会主义核心价值观的重要源泉。荆楚文化是中华文明也是长江文化的重要组成部分，荆楚文化的精髓已经深深融入中华民族的血脉之中，成为中华民族的文化瑰宝，成为中华文明的基本特性和重要价值取向。荆州是一座江河环抱、人水相依的城市。万里长江奔流不息，养育了勤劳智慧的荆楚儿女，见证了水乡泽国的沧桑巨变，孕育了惊采绝艳的荆楚文化，演绎了文化名城荆州的数度辉煌。荆州建设荆楚文化传承发展高地，有利于提炼展示中华文明的精神标识和文化精髓，高质量打造长江国家文化公园（荆州段）荆楚文化地标，进一步加强文明互鉴，接续书写不负时代、无愧历史的荆楚文化新篇章，奋力描绘人与自然和谐共生的荆江秀美新画卷，为不断增强文化自觉、坚定文化自信开辟新的更大空间。

（三）打造湖北建成支点、荆州跨越发展的战略新引擎

文化是魂，是根，是前进的动力，是指路的明灯。湖北是长江文明重要发源地、楚文化发祥地，荆楚文化富有鲜明的湖北地方人文特色。进入新时代，无论湖北力争走在前列、成为促进中部地区崛起的重要战略支点，还是加快推进文化强省、文化强市建设，都需要荆楚文化提供强劲精神动力和文化支撑。荆楚文化更是荆州最有价值、最有影响力、最有竞争力的核心文化资源，是重塑荆州城市地位和发展格局的原动力和新动能。荆州建设荆楚文化传承发展高地，有利于湖北和荆州融入国家重大发展战略，推动更高层次探索区域协调发展新路径，充分激发全社会文化创新创

造活力，促进优质文化资源活起来、热起来、新起来、火起来，为经济、城乡、生态、文旅等发展赋能增势提质，服务湖北建设全国构建新发展格局先行区、荆州奋进江汉平原高质量发展示范区新征程，助力湖北和荆州经济社会高质量跨越式发展。

三、研究简介

（一）主要内容

首先明确界定"荆州""荆楚文化"的基本概念，以习近平文化思想为引领，运用文化符号、文化 IP、文化场景、文旅融合以及核心竞争力等理论，深入探讨荆州传承发展荆楚文化的理论逻辑建构。其次，在调研基础上，进一步梳理荆州荆楚文化发展脉络和资源禀赋，指出荆州是荆楚文化的根脉所在，具有楚文化鼎盛地、三国文化荟萃地、红色文化富集地、荆江文化展示地等鲜明文化特色。第三，总结荆州传承发展荆楚文化取得的主要成效，分析荆州在保护利用政策机制、经费投入、人才队伍、品牌建设等方面存在的突出问题。第四，围绕荆州传承发展荆楚文化的目标任务，提出新时代荆楚文化传承发展的总体战略构想，探索具体实践路径与政策举措。

（二）创新点

从荆楚文化创造性转化和创新性发展的视角，本书提出以习近平文化思想为引领，正确处理好保护与利用、传承与创新、文化与经济、事业与产业等关系，创建荆楚文化遗产原真性保护的"荆州样板"、长江文化持续性传承的"荆州典型"、区域文旅融合活态性利用的"荆州示范"、中外文明交流跨域性弘扬的"荆州品牌"，形成可推广借鉴的"荆州范式"，将荆楚文化保护传承示范区打造成为"古今辉映，文明互鉴"的中华文明国家典范、"源远流长，传承创新"的长江文化荆楚地标和"荆楚风韵，中外闻名"的世界级文旅目的地，全面建成荆楚文化传承发展高地。

（三）研究方法

本书按照"提出问题—理论逻辑—分析问题—路径选择—对策建议"的研究思路，综合运用调查法、文献研究法、经验总结法等方法，对荆州开展专题调研，搜集整理相关文献，进行分析论证和理论探讨，针对荆州在新时代如何传承发展荆楚文化提出系统解决方案。

第二节　基本概念

2018 年 4 月 27 日，习近平总书记在参观湖北省博物馆精品文物展时指出："荆楚文化是悠久的中华文明的重要组成部分，在中华文明发展史上地位举足轻重。"[①] 荆州是荆楚文化的根脉所在。传承发展荆楚文化，首先需要界定何为"荆州"，"荆楚文化"是什么，以及其精神内涵和时代价值。

一、荆州

荆州市，古称郢都、江陵、南郡，湖北省辖地级市，面积 1.41 万平方千米，下辖荆州区、沙市区、江陵县、松滋市、公安县、石首市、监利市、洪湖市 8 个县市区，以及荆州经济技术开发区、荆州纪南生态文化旅游区、荆州高新技术产业开发区 3 个功能区，2023 年户籍人口 620.37 万人（年末全市常住人口 513.55 万人）。本书中论述的"荆州"，地理空间上一般指当前的荆州市全域；涉及城市概念时，指现今包括荆州区、沙市区

---

① 习近平会见印度总理莫迪（新华社武汉 2018 年 4 月 27 日电），引自中国政府网 https://www.gov.cn/xinwen/2018-04/27/content_5286462.htm.

在内的荆州市主城区^①。至于古今意义中的"荆州"，具体依据行文语境来区分。

（一）自然地理

荆州市位于湖北省中南部、长江中游、江汉平原腹地，介于东经111°15′—114°05′，北纬29°26′—31°37′。辖区东西最大横距约274.8千米，南北最大纵距约130.2千米，夹江呈带状分布。东依武汉市汉南区，东南隔江与咸宁市嘉鱼县、赤壁市相望；南滨江与湖南省岳阳市为邻，与益阳市、常德市接壤；西连宜昌市的当阳市、枝江市、宜都市、五峰县，北接荆门市、潜江市、仙桃市。

荆州市处于中国地势第三级阶梯的西部边缘，是江汉平原的主体。全市地势略呈西高东低，由低山丘陵向岗地、平原逐渐过渡。地势最高点是松滋市的大岭山，海拔815.1米；最低点在洪湖市新滩乡沙套湖，海拔18米。基本地貌以平原岗地为主，兼有少量丘陵、低山，其中平原面积11096平方千米，占土地总面积的78.8%。这里属北亚热带季风湿润气候区，具有四季分明、温和湿润、无霜期长等特点。生物资源丰富，种类多、分布广、南北兼备。据统计，全市生物资源3300多种，其中，农作物品种1169个，畜禽品种33个，水生生物385种（鱼类82种），森林植物620余种，药用生物956种，害虫天敌233种。地形气候、生物种类和品种资源非常适合农业发展。

荆州河湖众多，水网密布，是全国内陆水域最广、水网密度最高的地区之一。全市有大小河流近百条，均属长江水系，主要有长江干流及其支流松滋河、虎渡河、藕池河、调弦河等。长江自西向东横贯全市，拥有

---

① 江陵作为地名，历代沿用。故从秦置江陵县至1994年成立荆沙市的2000多年间，一城二名"荆州""江陵"通用，其中心区域是原江陵县的县城（即荆州古城，今属荆州市荆州区），也就是1982年首批24座中国历史文化名城中的"江陵"（广义上可指原江陵县）。

483 千米长江"黄金水道"和 651 千米优质岸线。全市有千亩以上湖泊 30 余个，洪湖为湖北省第一大湖，各类水域面积占全市国土面积的 25.13%。荆州市不仅水资源极其丰富，开发利用程度较高，而且水质好，为水产养殖、农业灌溉等提供有利条件。

（二）历史沿革

从古至今，"荆州"是一个地理概念，也是一个变化着的政治概念。荆州之名源于现存中国最早的地理著作《尚书·禹贡》"荆及衡阳惟荆州"，为古九州之一，以原境内蜿蜒高耸的荆山 [1] 而得名。荆州拥有 50000 年文化史、5000 年建城史、500 年建都史，自古以来就是长江中游的文化中心、我国南方唯一连续不断进化至今的文化中心。

根据 1992 年 10 月发掘的旧石器时代晚期荆州鸡公山遗址（位于荆州区郢北村），距今约 5 万年前原始人类已在此生活、栖息和劳作。7000 年至 8000 年前，江汉地区进入新石器时代，更多人类步入平原，主要经历了大溪文化、屈家岭文化和石家河文化 3 个大的发展阶段。松滋市关洲遗址、荆州区阴湘城遗址、石首市走马岭遗址、公安县鸡鸣城遗址等处部落先民，取土筑城，成为荆州域内最早的土著居民。其中阴湘城遗址（位于荆州区马山镇阳城村）是距今 5000 多年新石器时期的一处文化遗存。古城遗址平面呈圆角长方形，中部的一条纵向冲沟将遗址分为东、西两部。城址东西长约 580 米，南北残宽约 350 米，面积约 20 万平方米。东、南、西三面城垣基本保存较好，现存城垣宽度一般为 10 米至 25 米之间，城垣外有城濠。城址内文化堆积自下而上可分为大溪、屈家岭、石家河和西周四个文化层，内容十分丰富。遗址出土的漆木钺柄，是目前中国新石器时代唯一的一件保存完好、且色泽艳丽如新的漆木器，使长江

① 位于湖北省西部，武当山东南、汉水西岸，面积约 3100 平方千米。北魏郦道元《水经注·江水二》："《禹贡》：'荆及衡阳惟荆州。'盖即荆山之称，而制州名矣。故楚也。"故有荆山楚源之说。

中游漆工艺的时代提前了 2000 多年。这些考古发现，完整清晰地反映了人类早期发展的历史序列，足以证明荆州是长江流域古代文明的主要源头之一。

"禹划九州，始有荆州"，荆州的地域文化特征在夏商时代开始形成。西周早期，楚人深入"江上楚蛮之地"。周夷王七年（公元前 901 年），楚王熊渠封长子熊康为句亶王，居江陵，西周厉王时期建造了最初的江陵城郭。楚文王元年（公元前 689 年），楚国迁都于郢（纪南城）①，至秦将白起"拔郢"、楚顷襄王迁都陈，共历 20 朝 411 年。此间楚国成为"春秋五霸"和"战国七雄"之一，统领中国南部，一度是世界上疆域面积最大的国家。郢都（纪南城）是楚国的政治、经济和文化中心，春秋战国时期中国南部最大的城市，鼎盛时期城市人口估计已达 30 万。汉代桓谭在《新论》中描绘那时郢都的繁华景象："楚之郢都，车毂击，民肩摩，市路相排突，号为朝衣新而暮衣弊。"春秋时期，楚成王在纪南城南营造行宫，因宫殿位于江中小洲，故名"渚宫"，这是江陵的前身。战国时期楚国设江陵邑，建官船码头。江陵之得名，是因"以地临江"（清光绪《荆州府志》），"近地无高山，所有皆陵阜之属，故名江陵"（《大明一统志·湖广荆州府志名胜》）。

秦汉时期，荆州成为中央政府的重要辖区，包括今河南省西南部，湖北省、湖南省大部及贵州省、广东省、广西壮族自治区边缘。秦将白起拔

---

① 《越绝书·吴内传》曰："郢者何？楚王治处也。"根据传世文献和出土文献（楚简）分析，"郢"至少有两重含义：一是指楚国都城，即郢都；二是指楚王的临时居地（驻跸之地或别都等）。据《左传·庄公二十八年》："凡邑，有宗庙先君之主曰都，无曰邑。"西晋杜预注："然宗庙所在，则虽邑曰都，尊之也。"即两者的区别在于：先秦时期只有宗庙所在地，才是真正的都城。历史上楚王居地迁徙不定，楚都也频繁迁徙。因此，传世文献中的"郢"不一定就是郢都，而出土文献（楚简）中很多的"郢"可能只是楚王的临时居地。郢都（纪南城）之前楚国有多少个都城，具体位置在哪里，史学界说法不一。郢都（纪南城）因位于纪山的南边，也称"纪郢"，杜预注释《左传》始称"纪南城"。当代还有部分学者认为，纪南城是战国中晚期的楚都故址。

郢后，置郢县，不久分郢置江陵县，隶属于南郡。汉武帝元封五年（公元前106年），将当时中国划分为"十三刺史部"，派驻刺史监察地方吏政，荆州乃其一。汉成帝绥和元年（公元前8年），改刺史为州牧，作为掌握一地军政大权的长官，包括荆州在内的"十三部"，也就开始成为行政区划名，最终演变为郡县之上的地方一级行政区划。

东汉末年至三国时期，荆州因其地理位置成为群雄争霸的焦点。曹魏占据荆州北部的大部分地区，蜀汉控制荆州西部的一些地区，东吴则是控制荆州南部的一些地区。刘备派大将关羽镇守荆州（江陵）。关羽失荆州后，江陵改属吴国南郡，郡治转至江南的公安。西晋太康元年（280年），江陵又为郡治。东晋太元十四年（389年），江陵刺史王忱治荆州，从此不再迁徙治所，江陵由此又称荆州城。南北朝时，齐和帝、梁元帝、后梁、萧铣皆以江陵为国都。梁元帝承圣三年（554年），西魏大军突袭江陵。在江陵城破之前，梁元帝萧绎烧毁了历年精心收藏的十四万卷图书，史称"江陵焚书"，这是中国文化史上空前的浩劫。而江陵的阖城老幼，史载大多数"被虏入关"，荆州的经济社会文化饱受摧残。

隋唐宋元时期，"荆州"逐渐不再作为地方一级行政区出现。元至正二十四年（1364年），朱元璋称吴王，改置荆州府，改属湖广行省，开启了"荆州"作为类似于"市级"行政区的历史，辖区包括今湖北省中西部的诸多州县，"首府"江陵（荆州城）是两湖平原的区域文化中心、经济中心。清康熙二十二年（1683年），在江陵置湖北驻防将军府，是全国十三将军府之一。而古称江津的沙市，历为江陵县重要商埠和码头，唐代发展成为市镇，明代工商业发达，清代称"三楚名镇"，1895年被辟为通商口岸，成为中国最早对外开埠的四大内河港口之一[①]。1912年1月，荆州府裁府留县，所辖各县直属荆宜道。1932年为湖北省第七区行政督察专员公署；1936年改为湖北省第四行政督察区。这个督察区下辖9个县，包括

---

① 详见附表《荆州历史沿革简表（清代以前）》。

江陵、荆门、松滋、公安、石首、监利、沔阳、潜江、枝江，驻地就在江陵县。

1949 年 7 月荆州解放后，成立荆州行政区督察专员公署（即荆州专区，1970 年改称荆州地区），驻江陵县荆州镇[①]，辖荆门、京山、钟祥、天门、潜江、公安、松滋（驻新江口镇）、江陵等 8 县；同月，析江陵县的沙市镇建沙市市，属省辖市。其后荆州的行政区划屡经合并、拆分。1994 年 9 月 29 日，国务院批准撤销荆州地区、沙市市和江陵县[②]，设立荆沙市（地级）。荆沙市新设沙市区、荆州区和江陵区。1996 年 11 月 20 日，国务院批准将荆沙市更名为荆州市[③]。

（三）人文经济

荆州由旧石器时代的原始聚落演进成为今天古老文化与现代文明交相辉映的长江中游滨江城市（图 1-1）。历史上先后有 6 个朝代、34 位帝王在此建都。从"天下第一循吏"孙叔敖到明朝万历首辅张居正，从荆州走出去的宰相达 138 位。从爱国诗人屈原到李白、杜甫，大批文人墨客曾在荆州吟诗作赋。以荆州洪湖为中心的湘鄂西革命根据地，是党领导创建的三大根据地之一，走出了 67 位共和国的开国将帅和一大批治党、治国、治军的杰出人物。荆州深厚的历史文化，积淀了宝贵的精神财富，孕育了"筚路蓝缕，以启山林"的开拓精神，"三年不鸣，一鸣惊人"的进取精神，"清廉高洁，至死不渝"的屈原精神，"万众一心，众志成城"的"98

---

① 荆州镇，范围在荆州古城内外，同时也是江陵县的驻地。1995 年 2 月，荆州镇撤销，将其划分为东城、西城、城南、荆北等 4 个街道办事处。

② 此次行政区划的变更使原江陵县一分为三：西部以原县城为中心的乡镇组建荆沙市荆州区（后改名为荆州市荆州区），中部乡镇并入到原沙市市成立荆沙市沙市区（后改名荆州市沙市区），东部以郝穴镇为中心的乡镇组建荆沙市江陵区（1998 年 7 月 2 日，撤区设县，成立新的江陵县）。

③ 1996 年 12 月 2 日荆州市管辖的京山县被划归荆门市管辖，荆州市代管的钟祥市划归荆门市代管，1998 年江陵区改成江陵县后，荆州市的行政区划至此稳定下来。2020 年 6 月 12 日，监利撤县设市（县级）。

抗洪"精神，都成为荆州有别于其他城市的鲜明特征。1982 年 2 月 15 日，国务院公布首批 24 座中国历史文化名城，江陵（荆州）名列其中。荆州还先后被确定为中国优秀旅游城市、国家园林城市、国家卫生城市、国家森林城市、全国双拥模范城市、中国投资热点城市，是国家级承接产业转移示范区、全国大遗址保护示范区。

图 1-1　荆州古城城标——金凤腾飞 ①

---

① 坐落在荆州古城东门护城河外的金凤广场中央，由江良田设计，著名雕塑家刘开渠审定并题字，1989 年 5 月 1 日落成。城标通高 12.5 米，主体造型为一只矫健的金凤腾飞在光芒万丈的朝阳之上，用不锈钢锻造，高 8.5 米。它既鲜明生动地体现楚地先民尊凤崇火的历史文化渊源，又突出展示如今荆州人民意气风发、拼搏腾飞的精神风貌。

荆风楚韵：湖北荆州传承发展荆楚文化研究

荆州地处长江中游门户，是南北大通道"节点"与两湖平原"中心"，是全国区域级流通节点城市、重要的公路交通枢纽和长江中游重要港口城市，区位优越，交通便利。荆州素有"鱼米之乡""中国粮仓"的美誉，是国家重要农产品综合生产基地、优质农副产品生产基地和湖北省优势农业资源核心区，粮食产量常年保持在90亿斤以上、占全国千分之七，油菜籽、淡水产品产量连续多年位居全国市州之首。荆州的科技、教育资源位居全国地级市榜首，拥有国家级承接产业转移示范区、国家加工贸易产业园两块国字号"金字招牌"。荆州还是"百年商埠，江汉明珠"，正加快建设全国文化和旅游消费试点城市。2024年，全市完成地区生产总值3505.99亿元，同比增长6.3%，GDP总量位居湖北省市州第4位，国内361座城市排名第101位，呈现稳中有进、量质齐升态势。

总的来说，荆州市经济发展前景广阔，但也存在着过度依赖传统产业，产业结构有待优化等问题。作为湖北省唯一同时跻身长江经济带、长江中游城市群、洞庭湖生态经济区、新时代推动中部地区高质量发展等国家战略的市州，湖北省第十二次党代会赋予荆州加快建设江汉平原高质量发展示范区的战略定位，从根本上提升了荆州在全省乃至长江经济带发展格局中的战略地位。当前，荆州市以"五区五中心"（国家级承接产业转移示范区、长江经济带绿色发展示范区、江汉平原乡村振兴示范区、区域协调发展示范区、市域社会治理现代化示范区；江汉平原先进制造业中心、科教创新中心、交通物流中心、消费中心、荆楚文化传承发展中心）为支撑引领，扎实推进以流域综合治理为基础的四化同步发展，主攻农产品交易与集散基地、大宗商品铁水联运枢纽、荆楚文化保护传承示范区、江汉平原生态宜居城市"四大目标"，加快推动经济量级新跨越、城市能级新提升、发展层级新突破，奋力建设江汉平原高质量发展示范区，建功湖北建设全国构建新发展格局先行区。

二、荆楚文化

（一）荆楚文化的定义

"荆"或"楚"，马鞭草科的一种落叶灌木，即广泛分布于江南各地的黄荆或牡荆，俗称"荆条"。远自夏商时期，黄河流域的中原民族就以"荆楚"或"荆蛮"来称呼江汉地区的南方地区和南方部族，如《诗经·商颂·殷武》中的"维汝荆楚，居南国乡""挞彼殷武，奋伐荆楚"。西周初年，楚人首领熊绎在荆山（在今湖北南漳县）一带正式建国，荆、楚统一起来，形成系统完整的概念。孔颖达《春秋左传正义》曰："荆、楚一木二名，故以为国号，亦得二名。"《汉书·地理志》以战国初期的国土为依据，将楚地限在今两湖及汉中、汝南一带，即长江中游，特别是以江汉平原为中心的今湖北、湖南地区，六朝时期则将这一地区称为"荆楚"。当今广义的荆楚指长江中游，狭义的荆楚则指湖北。

在我国，地域文化一般是指特定区域源远流长、独具特色，传承至今仍发挥作用的文化传统，是特定区域的生态、民俗、传统、习惯等文明表现。其核心特征首先在于明显的地域性。由于古代交通不便和各区域之间的相对独立性，使各地的文化形态在发展中出现一些差异，具有各自不同的风格，并逐渐稳定下来，成为中华文化的若干分枝和有机组成部分。地域文化的命名大多源自中华文明轴心时代①——春秋战国时期的诸侯国名，如"齐""鲁""秦""楚""巴""蜀""吴""越"。尽管随着时代变迁，也会受到外来文化的影响，但基于深厚的历史和文化底蕴与地域和环境相适应，一个地区独特鲜明的文化核心和形态仍得到传承和延续，并长久持续影响着这个地区的人们。不同地区的文化差异性正是构成中华民族文化多样性的基础。

---

① 轴心时代是指公元前800年至前200年之间，尤其是公元前600年至前300年间这段时期。可参见本书第三章第一节的有关论述。

综上所述，作者认为，荆楚文化是以当今湖北为主要范围，以楚文化为根基底色的地域文化。简言之，荆楚文化是湖北地方文化的统称。不过需要强调，荆楚文化既是传统的，又是现代的，内涵丰富，与时俱进，不宜把在湖北出现的所有文化都笼统地泛化为荆楚文化，关键在于要从地域特征与文化传统两个维度相结合来判别。

（二）荆楚文化的精神内涵

滔滔长江之水惠泽江汉平原鱼米之乡，滋养荆楚文化兴盛繁荣，赋予湖北独特鲜明的精神气质。人无精神不立，国无精神不强。系统阐发荆楚文化的精神内涵，有助于充分彰显中华传统优秀文化持久影响力、革命文化精神感召力、社会主义先进文化价值引领力，为湖北建设全国构建新发展格局先行区、谱写全面建设社会主义现代化国家荆楚篇章作出贡献、展现担当。

一是刚健自强、忠义爱国的昂扬精神。楚国立国之初，偏僻狭小，但楚人不以身处蛮荒而自卑，发愤图强，锐意进取，为了理想上下求索"虽九死其犹未悔"，为了国家"诚既勇兮又以武，终刚强兮不可凌"，敢于展露自己的锋芒，实现自己的价值，由小到大，由弱变强，一鸣惊人，问鼎中原，创造了先秦发展史上的奇迹。关羽守荆州忠义千秋，张居正改革起衰振隳。洪湖赤卫队"为革命，砍头只当风吹帽"。"98 抗洪"抢险斗争中万众一心，众志成城。一股英雄气，回荡三千年。

二是道法自然、义理精深的哲学思想。荆楚文化的源头活水依托于长江中游的自然与社会环境。长江大湖的万千气象，沃野平原的奇幻风物，多民族融合的生存状况，使这里既饱受华夏文明的熏陶，更直承荆风蛮雨的滋润，激发先民叩天问地，思辨宇宙，玄想人生，崇尚自然。与厚重雄浑的中原文化相比，荆楚文化保留了更多的原始气息、自然色彩和神秘意味。"道法自然""天人合一"等哲学思想，正是楚人思考人与自然和谐相处的思想结晶，对于现代人类依然具有非常现实的启迪和指导意义。

三是匠心独运、精益求精的创新智慧。国家的强盛建立在雄厚的物质基础之上，先进的文化离不开科学技术的有力支撑，楚国掌握了当时领先世界的核心科学生产技术。在农耕文明时代，楚人超越了"刀耕火种"的原始生产方式，采用新的"火耕水耨"方式种植水稻；当时唯楚国精通铜器制作的顶尖技术——熔模铸造工艺，并且首创了铁器能够普及的关键——生铁柔化工艺，比西方掌握该技术早1700年左右。楚人精益求精的工匠精神成就卓越，炉火纯青的青铜冶铸、绚丽夺目的丝织刺绣、精美绝伦的木竹漆器、非同凡响的城池宫殿等，无不闪烁着中华民族智慧的光芒。

四是兼容并蓄、海纳百川的包容情怀。楚人的祖先来自中原，为华夏族南迁的一支。在先秦的诸民族中，楚人的民族偏见最少，主张融汇南北，强调兼收并蓄，学他人之长，补己之短，学以致用，创造了既以华夏文明为基础，又有显著自身特点的楚文化。源自楚文化极大的开放性、多元性和务实性，荆楚文化呈现出海纳百川的胸襟和包容众长的气度。

五是神奇瑰丽、浪漫奔放的独特气韵。楚人在诗歌、绘画、音乐、舞蹈等文学艺术领域充分发挥想象力，用热情奔放的性情和丰富夸张的手法描绘出一个神奇浪漫的世界，巫的奇思、骚的妙想、道的玄悟，三者交融，迷离恍惚，汪洋恣肆，惊采绝艳，难与并能。《楚辞》开创了浪漫主义先河，推动中国走向一个"诗的国度"。这种诗性文化不断渗入到国民精神世界，深刻影响着中国人的思维方式和审美方式。延续至今，荆楚文化仍闪耀着瑰丽浪漫的绚烂光芒。

（三）荆楚文化的时代价值

文化自信是一个国家、一个民族发展中最基本、最深沉、最持久的力量。任何国家和民族实现富强必须立足于本民族文化的高度认同和自信。要实现中华民族伟大复兴，必须坚定文化自信，走好中国特色社会主义文化发展道路，激发文化自信的深沉力量。湖北要在中部地区率先崛起，荆州要挺起高质量发展"脊梁"，必须深入发掘和充分发挥文化、精神上的巨大潜力和特色优势，让荆楚文化绽放新时代光彩。

首先，传承中华优秀传统文化培根筑基。中华优秀传统文化是中华文明的智慧结晶和精华所在，是全体中华儿女的精神家园。荆楚文化是中华文明的重要组成部分、长江文化的优秀代表，它所包含的哲学思想、价值观念、人文精神、审美品格、艺术情趣、辩证思维和科学智慧，具有不可磨灭的历史作用和时代价值。荆楚文化中洋溢的爱国主义、忠义精神、家国情怀，展现的发愤图强的斗志、勇往直前的信念、大开大合的气度，早已融入中华民族的血脉之中，代代相传。《中共中央关于党的百年奋斗重大成就和历史经验的决议》指出："中华优秀传统文化是中华民族的突出优势，是我们在世界文化激荡中站稳脚跟的根基，必须结合新的时代条件传承和弘扬好。"在新时代建设荆楚文化传承发展高地，以马克思主义为指导全面挖掘、充分激活荆州丰厚的文化资源并赋予新的时代内涵，有效把马克思主义思想精髓同中华优秀传统文化精华贯通起来、同人民群众的共同价值观念融通起来，将中华民族的伟大精神和丰富智慧更深层次地注入马克思主义，就能不断开辟马克思主义和中华优秀传统文化相结合的新境界，进一步提高文化软实力，有力推动建设社会主义文化强国。

其次，弘扬革命文化固本铸魂。中国波澜壮阔的革命历史孕育了气壮山河的革命文化，为中国人民披荆斩棘、战胜前进道路上的艰难险阻提供强大精神动力。荆州是全国著名的革命老区，红色革命文化不仅存在于历史，也存在于当下。习近平总书记指出："中国革命历史是最好的营养剂，重温这部伟大历史能够受到党的初心使命、性质宗旨、理想信念的生动教育，必须铭记光辉历史、传承红色基因。"[①]坚定文化自信，需要我们成为红色革命文化的承载者、实践者和创造者，继承光荣传统、弘扬革命文

---

① 习近平.在党史学习教育动员大会上的讲话（2021年2月20日）[J].求是，2021（7）：4-17.

化、用好红色资源、赓续红色血脉，不断厚植社会主义文化强国的红色底蕴，用革命文化淬炼思想、凝聚共识、激荡正气、激发力量。

再次，发展社会主义先进文化守正创新。中国共产党领导中国人民在社会主义建设和改革开放的伟大实践中孕育出的社会主义先进文化，是推动社会主义发展进步的不竭动力。"万众一心、众志成城，不怕困难、顽强拼搏，坚韧不拔、敢于胜利"的伟大抗洪精神，正是当代荆州长江文化中最有核心价值的部分，可以和楚人的"筚路蓝缕，以启山林"一道留传给子孙后代。党的二十大报告中指出，要"发展面向现代化、面向世界、面向未来的，民族的科学的大众的社会主义文化"。立足新时代，要让中华文化以鲜明的中国特色、中国风格、中国气派屹立于世界，我们不仅需要固守本源，也要坚持推进文化创新，做到不忘本来、吸收外来、面向未来，在传承中转化，在学习中超越。

总之，中华优秀传统文化、革命文化、社会主义先进文化三者共同构成的中国特色社会主义文化，积淀着中华民族最深层的精神追求，代表着中华民族独特的精神标识，也正是中华民族文化自信的根本所在。在推进中国式现代化、建设中华民族现代文明、实现中华民族伟大复兴的新征程上，不断发展具有强大思想引领力、精神凝聚力、价值感召力、国际影响力的新时代中国特色社会主义文化，从中华优秀传统文化、革命文化、社会主义先进文化中汲取奋进力量，进一步提高文化自觉、坚定文化自信、实现文化自强，我们就一定能开创事业发展新局面。

第三节　文献综述

学术界对荆楚文化关注时间较长，经历了由文学、文化本体研究，到文化产业、文化建设、文化关系等研究，再到文化品牌、文化内涵研究的过程，取得了丰富的研究成果。

第一，对于荆楚文化地域特征研究较多，对于荆楚文化本质和意义的讨论较为深入。例如，罗运环认为，开放性、兼容性、进取精神（含艰苦创业、自主创新、爱国兴国等具体精神）以及浪漫主义特色和多元的价值取向等，是荆楚文化的基本精神和特点①。孟修祥认为，荆楚文化的特质是与其艺术文化特质紧密联系在一起的②。第二，对于荆楚文化与周边文化的比较研究较为成熟，多为与有密切关联的中原文化、巴蜀文化、齐鲁文化、吴越文化等。第三，荆楚文化研究的热点内容涵盖面很广。例如，重视荆楚文化的时代价值及其对现代经济社会发展产生的影响；关注荆楚文化元素在城市设计、艺术和文化产业设计中的应用；主张利用荆楚文化资源，开发特色旅游产品。

近年来，在保护利用荆楚文化资源和打造荆楚文化品牌的研究方面逐渐拓展深化。桂汉良对如何进一步做好荆楚文化的传承与保护提出有针对性的思考和建议③。陈绍辉提出加快推进荆楚文化传承创新，实现湖北由文化大省向文化强省迈进④。钟晟等提出应当进一步彰显荆楚文化在长江文明中的重要价值，建构长江中游楚文化标识，重点打造湖北荆楚文化八大核心品牌⑤。李有文提出致力于荆江流域文化旅游走廊的构造，推动长江文化带荆江先行区建设⑥。徐梦瑶、韩美群提出结合长江国家文化公园建设编制

① 罗运环.论荆楚文化的基本精神及其特点 [J].武汉大学学报（人文科学版），2003.56（2）：194-197.

② 孟修祥.荆楚文化特质平议 [J].武汉科技大学学报（社会科学版），2011，13（2）：135.

③ 桂汉良.关于加强荆楚文化传承保护的调查与思考 [J].湖北省社会主义学院学报，2016（01）：93-96.

④ 陈绍辉.推进荆楚文化传承与创新 [J].学习月刊，2018，635（7）：26-27.

⑤ 钟晟，欧阳婷.长江国家文化公园背景下打造荆楚文化大品牌的思路与建议 [J].决策与信息，2022（11）：90-96.

⑥ 李有文.长江文化带建设视野下荆江段荆楚文化资源转化研究 [D].武汉：华中师范大学，2022.

保护利用规划，加强荆楚又化遗产保护力度，加快荆楚文化资源产业化开发①。

特别值得一提的是，有关荆楚文化研究的基础性、综合性的重大成果相继涌现。1996 年由张正明主编的楚文化研究的集大成之作——《楚学文库》18 卷出版。2003 年，湖北省荆楚文化研究会正式成立，先后编辑出版《荆楚文化与遗产保护》《荆楚文化与湖北旅游》《荆楚文化与长江文明》《荆楚文化与文明湖北》等学术论文集。2001 年出版的《楚文化知识》丛书和 2007 年出版的《荆楚文化普及丛书》，融学术性和普及性于一身，为广大群众了解荆楚文化提供了机会。2014 年，湖北启动《荆楚文库》重大文化工程，该丛书初步纳入列选书目 1372 种，全方位搜集、整理湖北历代文献，建立完整的研究湖北的资料系统，以深入认识湖北地域特色，传承弘扬优秀文化，促进湖北文化繁荣发展。2024 年，由刘玉堂担任总主编的《荆楚文化史》出版发行，共 6 卷近 300 万字。全书以文化史为主线，依托丰富的历史文献、出土文物、方志、民间文学等材料，充分吸收最新相关研究成果，梳理探索了荆楚文化的历史源头、演进轨迹和卓越成就，完整清晰地展现了荆楚文化的独特魅力。围绕荆州文化，2005 年荆州市广播电视局、荆州电视台组织出版《荆州文化丛书》4 卷；2010 年程继承山、汤红兵主编出版《东方雅典：荆州》丛书 3 卷。

与此同时，相继产生了一批荆楚文化研究机构。数据显示，湖北省社会科学院的荆楚文化研究成果数量最多，其中以楚文化研究所的研究成果较为突出。湖北省高等院校在荆楚文化的研究领域占有重要地位。例如长江大学、华中师范大学等相关研究机构，对荆楚文化研究领域的新材料、新发现多方涉猎。

总之，荆楚文化穿越古今、纵横南北，荆楚文化研究既关注荆楚文化

① 徐梦瑶，韩美群.论荆楚文化的精神特质、时代价值及其保护利用 [J]. 决策与信息，2023（03）：87-96.

荆风楚韵：湖北荆州传承发展荆楚文化研究

的内在价值，关注其与其他区域文化的比较，更关注荆楚文化的现代价值。文化照耀现实，也引领未来，荆楚文化在新时代推进中国式现代化、建设中华民族现代文明、实现中华民族伟大复兴的进程中必将发挥更大作用。湖北荆州构筑荆楚文化保护传承与创新发展高地，是当前一个重要的理论与实践命题。

第二章　主要理论基础

第一节　以习近平文化思想为引领

文化是一个国家、一个民族的灵魂。党的十八大以来，中华优秀传统文化的风骨神韵、革命文化的刚健激越、社会主义先进文化的繁荣兴盛在新时代伟大实践中融为一体，为全面推进中华民族伟大复兴提供了更为主动、更为强大的精神力量，推动文化建设在正本清源、守正创新中取得历史性成就，社会主义文化强国建设迈出坚实步伐。习近平总书记深刻把握新时代历史方位，以坚定的文化自觉、宏阔的历史视野、深远的战略考量，坚持把文化建设摆在治国理政的突出位置，发表一系列重要讲话，作出一系列重要指示，创造性提出一系列新思想新观点新论断，形成了极为丰富的理论成果。2023 年 10 月，党中央召开全国宣传思想文化工作会议，正式提出并系统阐述了习近平文化思想，在新征程上高举起我们党的文化旗帜。习近平文化思想系统回答了新时代坚持和发展什么样的中国特色社会主义文化、怎样坚持和发展中国特色社会主义文化的重大课题，深刻阐述了新时代文化建设的地位作用、目标任务、方针原则、战略路径、实践要求，是新时代党领导文化建设实践经验的理论总结，是坚持"两个结合"、推进马克思主义文化理论创新的重大成果，是明体达用、体用贯通的科学体系，构成习近平新时代中国特色社会主义思想的文化篇，为做好新时代新征程宣传思想文化工作、推动文化繁荣、建设文化强国提供了强大思想武器和科学行动指南。同时，习近平文化思想是一个不断展开的、开放式的思想体系，必将随着实践深入不断丰富发展。传承发展荆楚文化，必须以习近平文化思想为引领。

一、文化使命：建设中华民族现代文明

中华民族现代文明是贯穿习近平文化思想整个理论体系的标识性概念，是新的文化使命的落脚点。2022年10月28日，习近平总书记在河南安阳殷墟遗址考察时首次提出"建设中华民族现代文明"。他说："殷墟我向往已久，这次来是想更深地学习理解中华文明，古为今用，为更好建设中华民族现代文明提供借鉴。"①2023年6月2日，习近平总书记在文化传承发展座谈会上进一步强调："在新的起点上继续推动文化繁荣、建设文化强国、建设中华民族现代文明，是我们在新时代新的文化使命。"②"希望大家担当使命、奋发有为，共同努力创造属于我们这个时代的新文化，建设中华民族现代文明！"③

何为中华民族现代文明？其本质和特征如何？与以往的各种文明形态有何根本区别？这是理解中华民族现代文明这一重要概念的首要环节，也是推动中华民族现代文明建设的题中之义。

（一）中华民族现代文明是植根中华优秀传统文化、具有中华文化主体性的文明，以中华优秀传统文化为底色，具备继往开来的历史性

中华文明历尽沧桑而薪火相传，是世界上唯一绵延不断且以国家形

①　习近平在陕西延安和河南安阳考察时强调 全面推进乡村振兴 为实现农业农村现代化而不懈奋斗（新华社陕西延安／河南安阳2022年10月28日电），引自新华网 https://www.xinhuanet.com/politics/2022-10/28/c_1129086274.htm.

②　习近平.在文化传承发展座谈会上的讲话（2023年6月2日）[J].求是，2023（17）：4-11.

③　同②。

态发展至今的伟大文明。连续性、创新性、统一性、包容性、和平性这五大突出特性，共同塑造了中华文明的整体特征，形成了博大精深的价值观念和文明体系。"如果没有中华五千年文明，哪里有什么中国特色？如果不是中国特色，哪有我们今天这么成功的中国特色社会主义道路？只有立足波澜壮阔的中华五千多年文明史，才能真正理解中国道路的历史必然、文化内涵与独特优势。"① 近现代以来，马克思主义以真理之光激活中华文明的优秀基因，推动中华文明的生命更新与现代转型；中华优秀传统文化充实马克思主义的文化生命，使其显示出日益鲜明的中国风格与中国气派。我们有充分的理由为中华文明的伟大成就感到自豪，也理当以高度的历史责任感精心保护先人为我们留下的宝贵资源，在传统与现代的交汇碰撞中批判继承，促使中华优秀传统文化与马克思主义彼此契合、相互成就，在守正创新中推动传统文明向现代文明转化。

（二）中华民族现代文明是在中国式现代化基础上形成的文明，与中国式现代化互为旨归，具备立足当下的时代性

习近平总书记从新时代新征程瞩视中华文明，从中华文明的历史坐标观察中国式现代化。他在庆祝中国共产党成立 100 周年大会上向世界庄严宣告："我们坚持和发展中国特色社会主义，推动物质文明、政治文明、精神文明、社会文明、生态文明协调发展，创造了中国式现代化新道路，创造了人类文明新形态。"② 在学习贯彻党的二十大精神研讨班开班式上强调"中国式现代化，深深植根于中华优秀传统文化，体现科学社会主义的先进本质，借鉴吸收一切人类优秀文明成果，代表人类文明

① 习近平.在文化传承发展座谈会上的讲话（2023 年 6 月 2 日）[J].求是，2023（17）：4–11.

② 习近平.在庆祝中国共产党成立 100 周年大会上的讲话（2021 年 7 月 1 日）[J].求是，2021（14）：4–14.

进步的发展方向，展现了不同于西方现代化模式的新图景，是一种全新的人类文明形态……中国式现代化蕴含的独特世界观、价值观、历史观、文明观、民主观、生态观等及其伟大实践，是对世界现代化理论和实践的重大创新"①。在文化传承发展座谈会上指出："中国式现代化赋予中华文明以现代力量，中华文明赋予中国式现代化以深厚底蕴。中国式现代化是赓续古老文明的现代化，而不是消灭古老文明的现代化；是从中华大地长出来的现代化，不是照搬照抄其他国家的现代化；是文明更新的结果，不是文明断裂的产物。中国式现代化是中华民族的旧邦新命，必将推动中华文明重焕荣光。"② 这些重要论述深刻揭示了中国式现代化与中华民族现代文明的内在联系，两者相互贯通，具有方向、立场、内容、方法和要求的内在一致性。中国式现代化是中华民族现代文明建设的重要内容，中华民族现代文明是中国式现代化的文化形态；中华民族现代文明为中国式现代化注入文明滋养和精神力量，中国式现代化所创造的人类文明新形态，实质上就是中华民族现代文明。中国式现代化和中华民族现代文明统一于中国特色社会主义伟大实践和中华民族伟大复兴的历史进程中。

（三）中华民族现代文明是一种文明新形态，为人类开辟出更美好的前景，具备面向未来的普世性

人类文明的发展是共性与个性、统一性与多样性的结合。中华民族是世界大家庭的重要成员，中华文明是世界文明的重要组成部分和独特类型。中华文明曾经给世界以深远的影响，也从世界文明中汲取丰富的营

---

① 习近平在学习贯彻党的二十大精神研讨班开班式上发表重要讲话强调 正确理解和大力推进中国式现代化（新华社北京 2023 年 2 月 7 日电），引自新华网 https://www.xinhuanet.com/politics/leaders/2023-02/07/c_1129345744.htm.

② 习近平.在文化传承发展座谈会上的讲话（2023 年 6 月 2 日）[J].求是，2023（17）：4-11.

养。中华文明与世界文明，是相互联系、相互影响、相互作用的关系。中国发展进步的过程，很大程度上就是中国与世界双向互动的过程，是中华文明与世界其他文明相互碰撞、相互学习、相互融合的过程。根植于中国国情、历史传承和文化传统，中华民族现代文明成其自身而与其他文明相区别，但又与世界各文明因交流互鉴而具有人类文明进步成果的普遍性。中华民族现代文明弘扬中华文明蕴含的全人类共同价值，推动构建人类命运共同体，打破了对传统文化不加鉴别全盘继承的文化复古主义、文化保守主义文明观，打破了对中华民族历史文化不自信、盲目崇拜西方文明的全盘西化论文明观，驳斥了"历史终结论""文明冲突论"等形形色色的西方中心主义文明观，彰显了中华文化对世界文明兼收并蓄的博大胸怀，形成大格局大视野大气象，以文明交流超越文明隔阂、文明互鉴超越文明冲突、文明包容超越文明优越，科学地回答了"不同文明如何相处""人类文明向何处去"等一系列重大课题，进一步丰富和发展了马克思主义文明观，向全人类示范了一种现代文明、一种文明的新形态，一种将中华文明特性加以现代转化和创造的现代文明，一种将现代文明的精神和价值扎根于古老文明的有机生长之中的文明。这一文明将生产力的极大解放与人的全面自由发展结合，形成一个文化生命体实践的有机总体，把建立在不同文明主体性之上的和而不同、共同发展的文明秩序作为全人类的文明理想。

总之，中华民族现代文明是中华文明的现代形态，是中国式现代化创造的人类文明新形态，是人类的现代文明一种。建设中华民族现代文明是对新形势下中国之问、世界之问、人民之问、时代之问的重要回答，必须明确其核心要义，在以中国式现代化全面推进强国建设、民族复兴的历史进程中，以新的文化使命推动建设中华民族现代文明，中华民族伟大复兴也将随着中华民族现代文明的建成而实现。

二、逻辑起点：文化自信

文化兴国运兴，文化强民族强。一个国家、一个民族的强盛，总是以文化兴盛为支撑的，中华民族伟大复兴要以中华文化发展繁荣为条件。没有高度的文化自信，没有文化的繁荣兴盛，就没有中华民族伟大复兴。文化自信是一个国家、民族、政党对自身文化价值的充分肯定，对自身文化生命力的坚定信念。2014 年 2 月，在主持十八届中央政治局第十三次集体学习时，习近平总书记首次提出文化自信的命题。2016 年 6 月，在主持十八届中央政治局第三十三次集体学习时，又将文化自信与道路自信、理论自信、制度自信并提。在庆祝中国共产党成立 95 周年大会上的重要讲话中，明确要求全党"坚定道路自信、理论自信、制度自信、文化自信"。习近平总书记把文化自信提升到前所未有的高度，不仅鲜明提出文化自信是更基础、更广泛、更深厚的自信，是更基本、更深层、更持久的力量，而且深刻阐明了坚定文化自信的底气所在、重要意义和实践要求。坚定文化自信是习近平文化思想的核心主张，彰显了中华民族坚守自身文化根基的根本立场，也是建设中华民族现代文明的逻辑起点。

（一）文化自信的根本来自文化主体性

任何文化要立得住、行得远，要有引领力、凝聚力、塑造力、辐射力，就必须要有自己的主体性。文化自信就来自我们的文化主体性。有了文化主体性，就有了文化意义上坚定的自我，文化自信就有了根本依托。习近平总书记在庆祝中国共产党成立 95 周年大会上强调："在 5000 多年文明发展中孕育的中华优秀传统文化，在党和人民伟大斗争中孕育的革命文化和社会主义先进文化，积淀着中华民族最深层的精神追求，代表着中华民族独特的精神标识。"① 二○二四年新年贺词中指出："泱泱中华，历史

① 习近平 . 在庆祝中国共产党成立 95 周年大会上的讲话（2016 年 7 月 1 日）[J].求是，2021（8）：4-20.

何其悠久，文明何其博大，这是我们的自信之基、力量之源。"① 我们今天所说的文化自信，本质上强调的是对中国特色社会主义文化的自信，突出表现为对五千多年文明发展中孕育的中华优秀传统文化的自信，对党和人民伟大斗争中孕育的革命文化和社会主义先进文化的自信。它不仅来自文化的积淀、传承和创新、发展，更来自中国特色社会主义伟大实践，来自实现中华民族伟大复兴的光明前景。归根到底是要认识到马克思主义是魂脉，中华优秀传统文化是根脉。我们决不能抛弃马克思主义这个魂脉，决不能抛弃中华优秀传统文化这个根脉。这是作为中国人的底气、骨气、志气的根本所在。

（二）文化自信的关键在于精神上独立自主

人无精神则不立，国无精神则不强。精神上的独立自主是一个政党、国家、民族自立自强的脊梁，是我们党坚定道路自信、理论自信、制度自信、文化自信的精神基础。习近平总书记深刻指出："为什么中华民族能够在几千年的历史长河中生生不息、薪火相传、顽强发展呢？很重要的一个原因就是中华民族有一脉相承的精神追求、精神特质、精神脉络。"② 悠久的历史文明，塑造了中华民族独特的宇宙观、天下观、社会观、道德观，滋养了具有伟大创造精神、伟大奋斗精神、伟大团结精神、伟大梦想精神的中国人民。独立自主是中华民族精神之魂，是我们立党立国的重要原则，也是我们党百余年奋斗积累的宝贵经验。新时代新征程，世界百年未有之大变局加速演进，中华民族伟大复兴进入关键时期，战略机遇和风险挑战并存，我们比以往任何时候都更加需要精神上的独立自主。只有实现精神上的独立自主，才能把握推进马克思主义中国化时代化的历史主

---

① 国家主席习近平发表二○二四年新年贺词（新华社北京 2023 年 12 月 31 日），引自新华网 https://www.xinhuanet.com/20231231/29cd3bea754fea59d3116286358/c.html.

② 习近平. 在文艺工作座谈会上的讲话（2014 年 10 月 15 日）[J]. 求是，2024（20）：4-23.

动。只有实现精神上的独立自主，才能实现中华优秀传统文化的创造性转化和创新性发展。只有实现精神上的独立自主，才能建构中国自主的知识体系。只有实现精神上的独立自主，才能抵御各种腐朽文化的侵蚀，维护国家的文化安全和意识形态安全。如果没有自己的精神独立性，那政治、思想、文化、制度等方面的独立性就会被釜底抽薪。习近平总书记指出："坚定文化自信的首要任务，就是立足中华民族伟大历史实践和当代实践，用中国道理总结好中国经验，把中国经验提升为中国理论，既不盲从各种教条，也不照搬外国理论，实现精神上的独立自主。"[①] 为此，必须以习近平新时代中国特色社会主义思想为指导，坚持走中国特色社会主义道路；必须从中华优秀传统文化中汲取精神独立自主的养分，自觉肩负起传承发展中华优秀传统文化的历史责任，在传承创新中赓续精神血脉；必须立时代之潮头、通古今之变化、发思想之先声，在守正创新中掌握思想文化主动。

文化铸魂，润物无声。文化自信体现在对民族文化价值的自觉认知，体现在对民族文化生命力的坚定信念，更体现在对民族复兴前景的强烈信心。有文化自信的民族，才立得住、站得稳、行得远。厚植文化自信之基、激扬文化自强之势，奋发有为、砥砺前行，就一定能铸就中华文化新辉煌，建设中华民族现代文明提供精神滋养，为实现中国式现代化注入强大精神力量。

三、基本路径："两个结合"

2021 年 7 月，习近平总书记在庆祝中国共产党成立 100 周年大会上，首次提出"两个结合"，即马克思主义基本原理同中国具体实际相结合、同中华优秀传统文化相结合。2022 年，在党的二十大报告中，习近平总

---

① 习近平. 在文化传承发展座谈会上的讲话（2023 年 6 月 2 日）[J]. 求是，2023（17）：4–11.

书记对"两个结合"进行了全面系统阐释，深化了对"两个结合"的理论认识，明确了"两个结合"的实践指向。2023 年 6 月 2 日，习近平总书记出席文化传承发展座谈会，系统论述中华文明的五个突出特性，进一步阐述"两个结合"尤其是"第二个结合"的重大意义，指出在五千多年中华文明深厚基础上开辟和发展中国特色社会主义，把马克思主义基本原理同中国具体实际、同中华优秀传统文化相结合是必由之路。"两个结合"是习近平文化思想具有重大原创性价值的论断，明确了坚定文化自信的发力点，蕴含着重大的理论与实践意义。

（一）"两个结合"是推进马克思主义文化理论创新发展的思想结晶，开辟马克思主义中国化时代化新境界

中国共产党的历史，是一部不断推进马克思主义中国化时代化的历史，也是一部不断推进理论创新的历史。以毛泽东同志为主要代表的中国共产党人，担负起领导民主革命的大业，提出"第一个结合"，用马克思主义之"矢"去射中国具体实际之"的"，通过运用马克思主义立场观点方法研究中国具体实际，找出其内在的联系和规律，从中得出必要的结论，用以指导实践。适应新时代要求，以习近平同志为核心的党中央，把马克思主义中国化时代化的途径和方法由"一个结合"发展为"两个结合"，其中"第二个结合"是通过把马克思主义基本原理同中华优秀传统文化相结合，解决马克思主义扎根中国大地的问题。"第二个结合"让马克思主义成为中国的，中华优秀传统文化成为现代的，让经由"结合"而形成的新文化成为中国式现代化的文化形态。"第二个结合"的提出，是我们党对马克思主义中国化时代化历史经验的深刻总结，是对中华文明发展规律的深刻把握，表明我们党对中国道路、理论、制度的认识达到新高度，表明我们党的历史自信、文化自信达到新高度，表明我们党在传承中华优秀传统文化中推进文化创新的自觉性达到新高度。

（二）"两个结合"是我们党在探索中国特色社会主义道路中得出的规律性认识，指明推进建设中华民族现代文明的基本路径

"两个结合"是坚持和发展中国特色社会主义的必由之路，又是取得成功的最大法宝。习近平总书记从前提、结果、道路根基、创新空间、文化主体性五个方面，揭示了"两个结合"的科学内涵和重大意义，也揭示了建设中华民族现代文明与"两个结合"的关系。第一，"结合"的前提是彼此契合。马克思主义和中华优秀传统文化来源不同，但彼此存在高度的契合性。相互契合才能有机结合。正是在这个意义上，我们才说中国共产党既是马克思主义的坚定信仰者和践行者，又是中华优秀传统文化的忠实继承者和弘扬者。第二，"结合"的结果是互相成就。"结合"不是"拼盘"，不是简单的"物理反应"，而是深刻的"化学反应"，造就了一个有机统一的新的文化生命体。第三，"结合"筑牢了道路根基。中国社会主义的关键就在于中国特色，而中国特色的关键就在于"两个结合"。尤其"第二个结合"让中国特色社会主义道路有了更加宏阔深远的历史纵深，拓展了中国特色社会主义道路的文化根基。第四，"结合"打开了创新空间。"结合"本身就是创新，同时又开启了广阔的理论和实践创新空间。"第二个结合"是又一次的思想解放，让我们掌握思想和文化主动，能够在更广阔的文化空间中，充分运用中华优秀传统文化的宝贵资源，探索面向未来的理论和制度创新，去破解"古今中西"之争，去创造属于我们这个时代的新文化。第五，"结合"巩固了文化主体性。文化自信就来自我们的文化主体性。对于中华民族现代文明来说，"两个结合"，特别是"第二个结合"，既为马克思主义中国化时代化提供新的途径和方法，也为中华优秀传统文化的现代化发展提供新的途径和方法。如果没有"两个结合"，就无从建设中华民族现代文明，也建不成中华民族现代文明。

总之，习近平文化思想的原创性贡献之一，就是通过"两个结合"打通中国特色社会主义事业与五千年连绵不断的中华文明之间的关系，打通作为"魂"脉的马克思主义理论和作为"根"脉的中华优秀传统文化之间的关系。新征程上，要用好"两个结合"这一最大法宝，在彼此契合中夯实文化根基，找准马克思主义基本原理同中国具体实际、同中华优秀传统文化的结合点、受力点、契合点，融通价值观念、会通内容方法、打通逻辑理路，用马克思主义激活中华优秀传统文化中富有生命力的优秀因子并赋予新的时代内涵，将中华民族的伟大精神和丰富智慧更深层次地注入马克思主义，有效把马克思主义思想精髓同中华优秀传统文化精华贯通起来，在互相成就中铸就文化辉煌。

四、指导方针：文化"两创"

文化"两创"指的是中华优秀传统文化创造性转化、创新性发展。文化"两创"是习近平文化思想的基本内容和理论结晶，其体系化学理化也是习近平文化思想走向成熟的重要标志之一。这一思想是习近平总书记2013年12月30日在主持十八届中央政治局第十二次集体学习时的讲话中首次提出的，当时的提法是"实现中华传统美德的创造性转化、创新性发展"。之后，他在各类讲话中将"两创"的对象范围逐渐扩大到"传统文化""中华文化""中华文明"，使其成为新时代文化建设乃至中华文明发展的指导方针之一。党的十九大将"两创"写入报告与党章。2023年10月，习近平总书记对宣传思想文化工作作出重要指示，提出"七个着力"的要求，"着力赓续中华文脉、推动中华优秀传统文化创造性转化和创新性发展"是其中一项重要内容。不忘本来才能开辟未来，善于继承才能更好地发展创新。在新的历史起点上更好理解和推动中华优秀传统文化的创造性转化与创新性发展是建设中华民族现代文明的关键。

（一）深刻领悟文化"两创"的内涵要义

中国共产党人不是历史虚无主义者，也不是文化虚无主义者。在带领中国人民进行革命、建设、改革的长期历史实践中，中国共产党人始终是中国优秀传统文化的忠实继承者和弘扬者，特别注重从延续民族文化血脉中开拓前进，始终以科学理性的态度对待传统文化，既一脉相承，又随时代和时势的新变化、新发展而与时俱进。在强国建设、民族复兴的伟大征程中，习近平总书记指出："传承中华文化，绝不是简单复古，也不是盲目排外，而是古为今用、洋为中用，辩证取舍、推陈出新，摒弃消极因素，继承积极思想，'以古人之规矩，开自己之生面'，实现中华文化的创造性转化和创新性发展。"①

中华优秀传统文化的"创造性转化"，是以"创造性"为主旨，以"转化"为旨归，强调的是继承，重在立足"本来"，就是要按照时代特点和要求，对那些至今仍有借鉴价值的内涵和陈旧的表现形式加以改造，赋予其新的时代内涵和现代表达形式，激活其生命力；中华优秀传统文化的"创新性发展"，是以"创新性"为重心，以"发展"为目的，强调的是出新，重在面向"未来"，就是要按照时代的新进步新进展，对中国优秀传统文化的内涵加以补充、拓展、完善，增强其影响力和感召力。两者既是密切关联的有机整体，又各有侧重与不同。创造性转化是保持民族特色的基点，是创新性发展的逻辑起点和前提条件；创新性发展是中华传统文化发展的方向，是创造性转化的实践向度和价值指向。同时需要强调，"两创"不是孤立的，必须与习近平总书记提出的"两有"（即有区别地对待、有扬弃地继承传统文化）"两相"（即中华民族最基本的文化基因，同当代中国文化相适应、同现代社会相协调）"两个结合"（即坚持把马克思主义基本原理同中国具体实际相结合、同中华优秀传统文化相结合）相结合，明确文化发展创新的实践本位，这是中国共产党在文化发展问题上坚持马克思主义实践观的体现。

---

① 习近平.在文艺工作座谈会上的讲话（2014年10月15日）[J].求是，2024（20）：4–23.

（二）大力探索文化"两创"的发展途径

新时代新征程，传承发展中华优秀传统文化面临新形势新任务。我们要坚持守正创新，积极主动作为，更加坚定、更加自觉、更加主动地推动中华优秀传统文化创造性转化和创新性发展，实现中华优秀传统文化质的飞跃，体现中国特色、中国风格、中国气派。

一是着力赓续中华文脉，不断激活中华优秀传统文化生命力。历史文化遗产承载着中华民族的基因和血脉，是更好挖掘和阐发中华优秀传统文化的重要财富，是不可再生、不可替代的宝贵资源。2024 年 9 月 10 日，习近平在陕西省宝鸡中国青铜器博物院考察时强调："中华文明五千年，还要进一步挖掘，深入研究、阐释它的内涵和精神，宣传好其中蕴含的伟大智慧，从而让大家更加尊崇热爱，增强对中华文明的自豪感，弘扬爱国主义精神，把中华优秀传统文化一代一代传下去。"[①] 我们要始终秉持一颗敬畏之心，敬畏历史、珍视文化，坚持保护第一，传承优先，不断强化文化保护传承发展的顶层设计，深入系统开展传统文化整理挖掘和研究阐释，扎扎实实、踏踏实实地保护好历史文化遗产，以最严格的保护、最有力的传承为文化"两创"打下坚实基础。

二是持续推进文化创新，不断增强中华优秀传统文化时代性。要深入挖掘和阐发中华优秀传统文化的时代价值，按照时代的特点和要求赋予中华优秀传统文化崭新的时代内涵和现代表达形式，通过打通传统文化与现代生活连接点，激发"文化 +"的赋能效应，培育文化新质生产力，壮大新型文化业态，推出精彩纷呈的文化"两创"产品和服务，以人们喜闻乐见、雅俗共赏的形式把富有永恒魅力、具有当代价值的文化精神弘扬起来、传承下去，让收藏在博物馆里的文物、陈列在广阔大地上的遗产、书

---

① 习近平：尊崇热爱中华文明，把中华优秀文化一代一代传下去（新华社微博 2024-09-11），引自新华网 http://www.xinhuanet.com/politics/20240911/50579109ccfe47309cfcc2ef61464a8f/c.html.

写在古籍里的文字都活起来，丰富全社会历史文化滋养，激发创新创造的活力动力。

三是坚持讲好中国故事，不断提升中华优秀传统文化影响力。文化传承不是闭门造车、故步自封，而是交流合作、守正创新。一方面，要秉持开放包容姿态，积极主动学习借鉴世界一切优秀文明成果，为构建中华民族现代文明探索更广阔的生发空间。另一方面，注重讲好中国故事，传播好中国声音，把中华优秀传统文化中具有当代价值、世界意义的文化精髓提炼出来，把赓续中华文脉又彰显时代精神、立足本土又面向世界的文化创新成果传播出去，全面彰显中华文化之美，不断提升国家文化软实力，展现可信、可爱、可敬的中国形象。

五、重要动力：文明互鉴

世界是座文明百花园，百花齐放，姹紫嫣红。文明因多样而交流，因交流而互鉴，因互鉴而丰富。中华文明始终坚持与世界其他文明保持交流互鉴。党的十八大以来，习近平总书记身体力行，不断推动文明交流互鉴成为增进各国人民友谊的桥梁。2014年3月，他在联合国教科文组织总部发表了《文明交流互鉴是推动人类文明进步和世界和平发展的重要动力》的重要演讲，深刻阐释文明交流互鉴理念，为增进全人类共同利益提供了中国智慧、中国方案。这场历史性的演讲被国际舆论视为"具有历史意义的文明宣言"，在国际社会引发热烈反响。2023年3月，习近平总书记在中国共产党与世界政党高层对话会上首次提出全球文明倡议，倡导尊重世界文明多样性、弘扬全人类共同价值、重视文明传承和创新、加强国际人文交流合作，为世界提供了又一重要国际公共产品。习近平文化思想回答了如何尊重文明的多样性、平等性、包容性，推动文明交流互鉴、和谐共存，筑牢人类文明新形态的文化根基的世界之问，是对世界百年未有之大变局的文化回应。十年来，文明交流互鉴理念的内涵外延不断拓展、实践成果不断积累，全方位、多层次、宽领域的文明交流互鉴新格局正在形成。

（一）弘扬全人类共同价值，尊重世界文明多样性

习近平总书记指出，和平、发展、公平、正义、民主、自由，是全人类的共同价值。全人类共同价值旨在超越地域、民族、肤色等差别，以人类共同利益为交汇点，凝聚不同文明的价值共识。全人类共同价值是不同民族、国家进行文明交流互鉴的价值基础，为构建人类命运共同体提供思想基础。他又指出：世界文明具有多样性，文明没有高低、优劣之分，只有特色、地域之别。全球200多个国家和地区、2500多个民族孕育了多样文明。每一种文明都扎根于自己的生存土壤，凝聚着一个国家、一个民族的非凡智慧和精神追求，都有自己存在的价值。不同国家和民族的文明相互影响、相互借鉴，共同推动人类社会不断发展进步。文明交流互鉴要求尊重每一种文明的独特价值，尊重文明与特定民族和国家内在的关联性。要坚持文明平等、互鉴、对话、包容，以文明交流超越文明隔阂、文明互鉴超越文明冲突、文明包容超越文明优越，这是世界各国进行文明交流互鉴的前提条件。我们应该推动不同文明相互尊重、和谐共处，让文明交流互鉴成为增进各国人民友谊的桥梁，成为推动人类社会进步的动力，成为维护世界和平的纽带。我们应该从不同文明中寻求智慧、汲取营养，为人们提供精神支撑和心灵慰藉，携手解决人类共同面临的各种挑战。习近平总书记以全人类共同价值为基础阐释了一种新的文明交流互鉴论，为世界文明交流互鉴提供了中国方案。

（二）凸显中华文明鲜明特性，加强国际人文交流合作

只有交流互鉴，一种文明才能充满生命力。中华文明既是历史的，也是当代的，既是民族的，也是世界的。中华文明是在中国大地上产生的文明，也是同其他文明不断交流互鉴而形成的文明。一部五千年的中华文明史，本身就是交流互鉴的历史。习近平总书记深刻指出，中华文明具有突出的包容性，从根本上决定了中华民族交往交流交融的历史取向，决定了

中国各宗教信仰多元并存的和谐格局，决定了中华文化对世界文明兼收并蓄的开放胸怀。作为世界上唯一绵延不断且以国家形态发展至今的伟大文明，中华文明传承创新的成功经验为人类其他文明提供了有益的借鉴，为世界文明发展史提供了五千多年跨度的鲜活样本。世界大同，天下一家，人类各种文明的永续发展可以从中总结普遍规律、探寻可行路径。同时也要清醒认识到，目前我们还存着短板和不足，即"中国在世界上的形象很大程度上仍是'他塑'而非'自塑'，我们在国际上有时还处于有理说不出、说了传不开的境地，存在着信息流进流出的'逆差'、中国真实形象和西方主观印象的'反差'、软实力和硬实力的'落差'"①。新时代建设中华民族现代文明，要立足中国，又要放眼世界，在人类命运共同体理念的指引下，既要传承中华文化基因中的包容吸纳能力，广纳世界文明精华，革故鼎新，开辟未来，又要着眼于人类的共存与发展，加快构建中国话语和中国叙事体系，构筑世界文明平等对话的平台，把自己在文化创新创造中取得的成果奉献给世界，以博大的人文情怀观照人类命运，以兼容并蓄的胸襟超越隔阂冲突，以和合共生的愿景凝聚发展合力，让文明的灯塔照耀人类前行的正道。这一方面是中国实力的体现，另一方面也是我们实现中华民族伟大复兴的必由之路。

伟大的时代呼唤伟大的思想，伟大的思想引领伟大的时代。习近平文化思想的提出，为我们观察时代、解读时代、引领时代提供了思想指引，也为荆楚文化的传承发展指明前行的方向——去深入探究荆楚文化的成因、发展及成果，正本清源，守正创新，弘扬荆风楚韵，让荆楚文化在保护传承与创新求变中大放异彩，将深厚的文化底蕴转化为助力地方经济发展的强大动力，向世界展示中华文明、荆楚文化所代表的中国智慧、中国风范、中国气派，荆州由此成为荆楚文化传承发展高地，也是习近平文化

---

① 新华通讯社课题组.习近平新闻舆论思想要论［M］.北京：新华出版社，2017：7-8.

思想的生动实践地。新时代新征程，坚持以习近平文化思想为指引，担负起新的文化使命，就一定能创造属于我们这个时代的新文化，铸就中华文化新辉煌，传承发展好荆楚文化。

第二节 相关的文化概念和理论

以习近平文化思想为引领，本节进一步运用文化符号、文化 IP、文化场景、文旅融合和核心竞争力等文化概念和理论，探讨剖析荆州传承发展荆楚文化的内在逻辑，为研究提供有效的理论依据和背景支持。

一、文化符号

符号是人们共同约定用来指称一定对象的标志物。瑞士语言学家索绪尔（Ferdinand de Saussure）认为，一个符号包括了两个不可分割的组成部分，能指（signifier，即符号的外在形式）和所指（signified，即符号的内在意义）。符号总是具有意义的符号，意义也总是以一定符号形式来表现的。符号的建构作用就是在知觉符号与其意义之间建立联系，并把这种联系呈现在我们的意识之中。

符号可以包括以任何形式通过感觉来显示意义的全部现象。在一种认知体系中，符号是指代一定意义的意象，可以是图形图像、文字组合，也不妨是声音信号、建筑造型，甚至可以是一种思想文化、一个时事人物。符号通常可分成语言符号和非语言符号两大类。不论什么类型的符号，既是一种象征物，用来指称和代表其他事物，又是一种载体，承载着交流双方发出的信息，是信息表达和传播中不可缺少的一种基本要素。从符号学的意义上说，人类的交际行为是指人们运用符号传情达意，进行人际间的讯息交流和讯息共享的行为协调过程。

符号伴随着人类的各种活动，人类社会和人类文化就是借助于符号才能得以形成的。20世纪20年代至30年代，德国哲学家、文化哲学创始人恩斯特·卡西尔（Ernst Cassirer）提出"人是符号的动物"的著名命题，为后世的文化符号学奠定最基本的理论依据。卡西尔的全部哲学可以概括为"人—运用符号—创造文化"的公式，即"在卡西尔眼里，人就是符号，就是文化——作为活动的主体，他就是'符号活动''符号功能'，作为这种活动的实现就是'文化''文化世界'；同样，文化无非是人的外化、对象化，无非是符号活动的现实化和具体化；而关键的关键、核心的核心，则是符号"[①]。20世纪30年代至40年代，美国人类学家L.A.怀特（Leslie Alvin White）在卡西尔的基础上，进一步把"符号"看作是文化学的基本"范式"，认为文化是一种模式化了的符号交互作用系统，其本质、意义生成及进化规律须从人类特有的符号编码活动方面来加以说明，文化学就是对这个自给自足的符号系统的科学研究。怀特的文化研究开创了文化学的新领域——文化符号学，因其用系统论方法对文化符号现象做了全面研究，形成了文化符号学的文化系统论支派。20世纪50年代至60年代，文化符号学的另一支派即文化结构主义的形成，其最重要的代表人物有法国人类学家列维·斯特劳斯（Claude Levi-Strauss）与符号学家罗兰·巴尔特（Roland Barthes）。这两位思想大师把整个人类文化现象都纳入了符号学分析的范围，从而既把以往的哲学符号学与语言符号学的理论和观念推进到一个新阶段，又把卡西尔的文化符号论与怀特的文化符号系统论发展为精致完备的文化符号学[②]。

在文化符号学看来，人以符号为媒介，创造出各种形式的文化；文化则以符号形态呈现，渗透到人类创造的一切物质产品和精神产品之中，无论是人类的精神文化系统，还是社会文化系统都是符号的组合，甚至物

[①]　［德］恩斯特·卡西尔.人论［M］.甘阳，译.上海：上海译文出版社，2013：12.
[②]　袁久红.文化符号学的理论与方法初探［J］.东南文化，1991（5）：6-12.

质文化系统也都是符号的组合和功能体现，是人类精神文化符号的物化形式。

至于文化符号本身，是一个国家、民族或地域独特文化的体现，是经过长时间洗涤之后沉淀下来的客观物质或主观精神的精华，是文化内涵的重要载体和形式。文化符号形态各异、层级有别、影响不一，既有各自特性，又往往能组成复合体系。在形态上，既有物质实体的"有形存在"，又有精神意识的"无形抽象"；在层级上，既有核心价值的"道"，又有魅力外溢的"器"；在影响力方面，最引人注目的是那些代表性象征物——被人们普遍视为简略表达某些重要思想理念的象征性、范本式的文化符号，即文化标志或文化标识。

传承发展优秀文化，某种意义上就是一个系统的符号化运作过程。从符号资源视角，各类文化资源均可被视为是独特的文化符号，各有其"能指"和"所指"，而且随着社会的不断进步，人们对其"所指"的认识也在不断发展和深入。从符号生产视角，就是要将这些文化资源的"能指"和"所指"之间建立起强关联、强支撑和互动，为更多的人所了解认同接受。这是一个提炼、生产、解读文化符号以构建价值、传递价值、实现价值认同的过程。从符号消费视角，需要作为主体的消费者与符号客体进行互动，才能真正获得对于符号意义的确定和认同。而这一互动过程的效果如何，则依赖于符号生产者对符号的阐释和解读能力以及符号消费者的参与和理解程度。

建设荆楚文化传承发展高地，应从文化的影响力、辐射力、引领力着眼，选择区域内呈现中华文明特性、彰显中国文化自信、具有世界普遍价值的顶级文化资源，相应地融入地域特色鲜明的重要文化资源、自然资源等，兼顾那些虽然尚未纳入各类保护体系但属于理清文化源流根脉关键节点的资源，提炼能够代表中国精神、中国形象、中国文化、中国表达，被中华民族所认同接受，为世界人民所知晓了解的文化符号，构建"最荆州"的文化符号体系，努力打造具有鲜明特色和深刻内涵的文化品牌，促进新时代语境下荆楚文化意义表达的"符号化""产品化""品牌化",融入现代生产和生活体系,并通过深化国际间文明交流互鉴,推动荆楚文化走向世界。

二、文化IP

IP是知识产权(intellectual property)的英文缩写。最初的"IP"是作为一种法律概念出现的,目的是保护个人或团体的知识生产权益,后来从版权延伸到具有精神内涵和商业价值的文化创意,被泛化解读,产生了文学IP、影视IP、动漫IP、游戏IP、旅游IP(文旅IP)、城市IP等概念。人们普遍认为,IP是围绕拥有知识产权的主体进行二次创作或内容生产而获得经济收益的溢价活动,主要指具有较大影响力的文化产品或文化形象。

凡是具有文化特色和综合开发价值的IP,可以通称为"文化IP"。在当代中国语境中,文化IP的范畴已超越了文学、动漫、影视作品的传统界限,演变成为一种文化产品之间的连接融合,是有着高辨识度、自带流量、强变现穿透能力、长变现周期的文化符号。它包含内容、品牌和知识产权三个要素。内容指文化IP的实际创意、作品或元素,品牌是与文化IP相关的标识、名称、声誉或形象,知识产权包括专利、商标、著作权和其他法律保护的权益。三要素构成IP的关键在于,必须在知识产权的基础上,通过规划设计和商业化应用,才能将内容和品牌转化为实质性的IP。否则它仅仅是内容和品牌,尚不是真正的文化IP。

文化IP的"产权矩阵"有大有小,有的局限于某一领域,有的则突破了行业、地域和特定产业链的畛域,如长江、黄河、长城、故宫、尼罗河、迪士尼、埃菲尔铁塔等,此类IP可以称之为"超级IP"[①]。一个超级

---

① 傅才武,程玉梅."文化长江"超级IP的文化旅游建构逻辑——基于长江国家文化公园的视角[J].福建论坛(人文社会科学版),2022(8):14-16.

IP 本身就是综合性文化符号系统，从表层到核心，可以分为呈现形式、故事、普世元素和价值观四个层级。表现形式是超级 IP 最表层，多种多样，可以是文字、图形、影视剧、动漫、游戏等，形成强大的市场影响力。故事是超级 IP 的灵魂，构成了超级 IP 的核心吸引力，一个引人入胜的故事，能够跨越文化和地域的界限，触动人心。普世元素指人物对世间美好事物的追求，如正义、勇气、尊严、爱情、亲情、友情，这些元素能够引发观众的共鸣，使超级 IP 具有广泛的受众基础。价值观是超级 IP 的深层次内涵，对受众产生持久深远影响。这四个层级相互支撑，共同构成了超级 IP 的独特文化魅力和巨大商业价值。

文化 IP 赋予文化创新发展的新形式。当今时代，无论是商业博弈还是国家地区间文化软实力的竞争，一定程度上都包括 IP 之间的竞争。打造文化 IP 尤其是超级 IP，已经成为提炼世界级文化符号、提升国家或地区文化软实力的有效路径和方法，成为实现文化资源转化、推动文化产业发展的重要力量。

一是传承历史文化。文化 IP 通常源自本土当地的历史文化、民俗风情等，具有传统文化背景的 IP 优势比较明显。这证明经典传统文化具有相当持久的文化热度，以及历久弥新的文化价值。例如，《西游记》是中国文学最大、最知名的文化 IP，从电视剧，到电影，到动漫再到游戏，被改编成其他衍生作品的次数可谓是当之无愧的第一。《西游记》风靡全球且经久不衰的原因，在于其小说是开放式、多义性的文本，融神话、童话、喜剧、传奇于一身，可以被不同时代、不同审美需求的读者不断读、反复读，其丰富的主题、多元的母题也足以供不同文化各取所需，挖掘其现代性，进行本土化改编。荆州历史悠久，文化灿烂，楚文化、三国文化、长江文化等具备构建中华文明荆楚文化超级 IP 的禀赋特征，如何通过打造更具知名度、亲和度、美誉度的独特标识传达出中华优秀传统文化的思想精华和价值内涵，全面展示中华民族特质、中国文化形象以及人类共同体价值，是建设荆楚文化传承发展高地需要考虑的重点问题。

二是塑造城市形象。文化是一座城市的灵魂，是城市赖以延续和发展之根。每座城市皆有其不同的历史传承、自然风貌、人文景观等，其特色、亮点、魅力、价值不是简单地靠外在高楼大厦堆砌而成的，更关键的是内在的文化。城市 IP 是基于对城市特定历史文化价值和人文精神的提炼升华而创造的一个符号化的具体形象，主要用于宣传城市文化形象，进行城市品牌建设，从而提升城市认知度，促进城市凝聚力，为城市未来发展带来更多机遇。找准清晰而独特的城市文化定位，提炼契合城市精神的超级 IP，塑造城市的核心文化名片，才能避免城市同质化发展导致"千城一面"的困境。千年古城，文化荆州。尽管荆州历史知名度很高，但现代城市文化整体影响力还没有充分彰显，与应该达到的高度尚不匹配。因此，打造出一个更具"辨识度 + 影响力 + 持续性"的城市 IP，成为讲好荆州故事的有力抓手，有助于更好凸显荆州文化的张力、向心力、软实力和核心竞争力，实现城以文"名"、文以城美，真正用文化力量赋能城市发展。

三是延展价值产业链。文化 IP 最大的特征就在于它能够将文化与商业有机结合，极大地丰富和完善产品的文化内涵，提升品牌形象和企业知名度，吸引更多的目标客户。同时，文化 IP 可以跨越时间、空间和文化背景等限制，在不同的领域、不同的平台上进行跨界融合，多元化开发，延长产业链条，逐级释放 IP 价值，创造出更加多样化、个性化的产品和服务。尤其是随着信息化、数字化、智能化的迅猛发展，为文化 IP 带来更多的创新和应用场景，提高文化 IP 的生产效率、传播效果和商业价值。在未来，文化 IP 将会更加广泛多元化，成为文化产业各领域高速增长的重要引擎。荆州建设荆楚文化传承发展高地，需要推动荆楚文化 IP 化，加快培育一批文旅文创融合 IP 品牌，开发更多适应大众文化消费需求的文化和旅游产品，进而实现各类文化资源的产业链聚集，形成地方发展的内生力量。

三、文化场景

所谓"场景"（scene），源自英文 scenes。从语言学角度来说，它也可以被译作"镜头""情景"等。这个词在 20 世纪 40 年代开始被美国新闻媒体广泛使用。生活中，场景通常指在我们是指由各种人物活动以及活动背景共同组成的场面，是由自然环境和人类活动相结合的整体。其主要因素包括：以物理空间为代表的背景、以人为主体的社会活动、以活动和背景相结合的场面①。

文化场景理论是美国芝加哥大学社会学系新芝加哥学派特里·克拉克（Terry Clark）教授及其团队提出的研究城市发展动力的新范式。它以消费为基础，以生活文化娱乐设施为主要载体，把城市空间看作是汇集各种消费符号的文化价值混合体，其核心要义是关注生活娱乐设施，更聚焦于人们的文化消费行为的选择及其背后蕴含的文化价值观，认为这是城市活力和吸引力之所在，在城市发展中发挥的作用越来越大。文化场景理论在传统的物理空间基础上，加入文化和美学要素，使场景成为承载文化价值、突出文化品质、彰显文化特色的社会空间，把抽象的、泛化的文化议题转化成可被感知且具有可测性的具体指标。克拉克提出每个场景都应包含五个主要元素：以社区为代表的邻里（neighborhood）、以实体建筑物为代表的物理结构（physical structure）、出入场景的多样性人群（persons labeled class, gender, education, etc）、场景中存在的各种活动（activities）以及场景中所存在的合法性、戏剧性及原真性的文化价值（legitimacy, theatricality and authenticity）②。

在全球化背景下，文化场景理论已经极大地拓展它的应用领域，在包括中国、美国、加拿大、英国、法国、日本、韩国、印度等多个国家的城乡规划、文化艺术政策研究、文化旅游及区域发展等方面得到广泛应用，业已成为重要的理论工具，形成一批案例成果，产生良好的经济和社会效益。文化场景理论提供了一种新的理论分析框架，荆州建设荆楚文化传承

①　张铮，于伯坤. 场景理论下我国文化产业园区的发展路径探析 [J]. 出版发行研究，2019 年（8）：34.

②　同上。

荆风楚韵：湖北荆州传承发展荆楚文化研究

发展高地可以从中得到启发和借鉴。

一是在地区和城市发展上，更深刻地理解区域发展的文化动力。区域发展的文化动力主要来自本地的文化资源、文化传承、文化创新等。这些因素在特定的场景中相互作用推动区域发展。为此，要进一步挖掘和利用本地文化资源，推动地区的经济发展和文化传承，一方面以文化内涵鼓舞人心，引导人们向善向上、热爱生活，增强地区的文化自信力和认同感，另一方面以文化创新驱动发展，因地制宜发展新质生产力，培育文旅文创产业成为战略性支柱产业，释放消费动能，为区域发展注入新的活力和动力。

二是在场景营造上，更大力度地打造场景化文旅。场景营造可以激发城市活力、彰显城市魅力、增加城市吸引力。尤其在以数字技术和人工智能为基础的文化消费时代，文化符号等标识性文化元素在资本和商业模式的双重驱动下，不断强化其作为空间生产媒介的作用，进入一种文化空间（场景）的生产与再生产过程。荆州古城、纪南城大遗址等历史城区、文化古迹和重要景区，需要以更加开放的心态、创新的思维和精心设计，推动文化场景的旅游化和旅游场景的人文化，即文化空间可以成为旅游体验和消费的新场景，旅游空间也可以成为文化展示和传播的新舞台。通过深入挖掘文化的内涵与价值，运用现代科技手段，将诸多标识性荆楚文化元素（符号）与生活、娱乐和情感共鸣融合在一起，跨越历史与现代、现实与虚拟，形成具有主题性、沉浸感、体验性、互动性等特征的场域和情境，让"诗和远方"唾手可得、触目可及，把场地变场景、场景变风景，"从文化进去，从旅游出来，从旅游进去，从生活出来"，实现城景一体，造就主客共享，让人们在放松身心的同时感受到生活的美好和幸福、文化的温暖与力量。

四、文旅融合

党的十八大以来，以习近平同志为核心的党中央高度重视文旅工作。习近平总书记指出："文化产业和旅游产业密不可分，要坚持以文塑旅、以旅彰文，推动文化和旅游融合发展，让人们在领略自然之美中感悟文化之美、陶冶心灵之美。"① 党的二十大报告明确提出："坚持以文塑旅、以旅彰文，推进文化和旅游深度融合发展。"这些重要论述，深刻揭示了文化和旅游的紧密联系和内在规律，为新时期文化和旅游高质量发展指明方向。

文化是旅游的灵魂，旅游是文化的载体，二者有着天然联系。首先，本质上的共同一致性。人创造文化，目的在于推动社会实践的发展，满足人的精神需求，促进人的全面发展。同时，人是文化的产物，旅游主体（旅游者）是一定文化的承载者，旅游本质上讲是一种文化体验活动，旅游者旅游就是在消费文化、享受文化、交流文化。其次，资源上的同源共享性。文化古迹、风土人情等人文旅游资源本身就是文化的产物。"山不在高，有仙则名；水不在深，有龙则灵"，自然旅游资源也都打有文化的烙印，附丽着文化魅力，更需要通过旅游开发这一文化手段转化为旅游产品，才能被欣赏和体验。再次，产业上的相通互融性。文化和旅游业都是幸福产业（也就是精神文化产业），都是以满足人民日益增长的美好生活需要为根本目的，提供的都是精神性产品。加之文化产业与旅游产业都覆盖面广，产业链长，导致其边界极具开放性，表现出明显的模糊性、渗透性和动态性特征。相比于其他产业，文化产业与旅游产业之间也更易发生跨界、交叉、渗透、融合现象。两者相互关联、相互促进，高度契合，文化为旅游提供了丰富的内涵和灵魂，旅游则为文化的传播和弘扬提供广阔的场景。

文旅融合不是文化和旅游的简单相加组合，而是文化和旅游的双向赋能与"文化+"和"旅游+"的双重驱动。文化的创新创意能带来高附加值，具有显著的外溢效应；旅游业的综合拉动力强，具有巨大的乘数效

① 习近平. 在教育文化卫生体育领域专家代表座谈会上的讲话（2020年9月22日）[N]. 人民日报，2020-9-23（002）.

荆风楚韵：湖北荆州传承发展荆楚文化研究

应。文旅融合的实质在于打破传统的文化和旅游业的界限，资源共享、优势互补、相互叠加、彼此赋能，实现产业间的协同创新，充分激发和释放融合所产生的整合价值与聚合效应。而文旅融合的发展将进一步促进文化产业价值链与旅游业价值链的解构与重构，促进文化产业与旅游业在更大范围、更深层次上实现融合，催生新的业态或新的产业经济增长点，影响和带动一大批相关产业发展。可见，文旅融合是文化和旅游高质量发展的内在要求和必然选择，它不仅是推动经济社会发展的重要引擎，孕育、催生出若干新产业、新业态、新产品，而且带来一种新的生产和生活模式，能够为一个国家、地区、城市带来强大而持续的吸引力、影响力和竞争力，业已超出产业范畴，日益成为构建国家、地区、城市综合影响力，输出文化价值的重要方式。

文旅融合不仅为旅游业转型升级乃至经济社会发展带来新的机遇，更为文化的传承发展注入新的活力。文旅融合赋予旅游业特色内容，提升其品质与内涵，又为文化的传播与交流创新形式、丰富载体，使人们在旅游休闲的同时能够更深刻地感受到中华优秀传统文化的魅力，给予其更多的兴趣、关注与热爱，而且所带来的经济效益可以为文化的传承和发展提供资金支持。文旅融合已成为有效推动中华优秀传统文化创造性转化、创新性发展的重要途径。

荆州建设荆楚文化传承发展高地，应深入实施文旅融合战略，积极推进文化和旅游的理念融合、业态融合、产品融合、市场融合、服务融合，打造中华文化精神标识、荆楚文化传承发展中心、世界文化旅游胜地，进一步激发新动能、培育新优势、实现新发展。一方面要坚持以文塑旅，深入挖掘和阐释文化遗产的思想精髓和时代价值，强化古为今用，将文化之魂融入旅游活动之中，成为旅游明确导向、厚植底蕴、塑造差异的精神内核，充分彰显荆楚文化的鲜明特色和无穷魅力；另一方面，要推进以旅彰文，将更多的文化遗产、文化符号、文化内容纳入旅游线路、融入景区景点，将荆楚文化资源与要素转化为人们喜闻乐见的文旅文创产品，打造文旅文创融合业态新谱系，努力实现出圈出彩，成为对接历史、对接当代消费者的纽带，从而在润物无声、潜移默化中让中华优秀文化更好地走心入脑，让旅游成为人们感悟中华文化、增强文化自信的过程。

五、核心竞争力

一个地区或城市的发展能否脱颖而出取得成功，关键在于它是否拥有竞争优势，而竞争的胜负主要取决于其核心竞争力。核心竞争力（Core Competence）这一概念，是美国学者加里·哈默尔（Gary Hamel）和普拉哈拉德（C.K.Prahalad）首先提出，本指企业在特定领域中，通过长期积累形成的、独特的、能够为企业带来持续竞争优势的能力和资源，是企业在市场竞争中获胜的重要保障。该概念现已广泛使用，其竞争主体不再局限于企业，还可以指国家、地区、城市、行业、产业，乃至参与竞争的个体等。一般认为，核心竞争力具有价值性、稀缺性、不可替代性、难以模仿性、延展性等特征。一个地区或城市的核心竞争力，是其所有竞争能力中最核心、最根本的部分，可以通过向外辐射作用于其他各种能力，影响着其他能力的发挥及其效果。核心竞争力既是该地区或城市各种资源的结合体，又具有独特性、难以模仿性。由此，因地制宜，结合本地特色和优势资源，打造独有的竞争优势，真正形成核心竞争力，将为该地区或城市的发展创造有利条件。

根据美国学者迈克尔·波特（Michael Eugene Porter）的竞争优势理论，竞争优势的形成和发展是一个经济体内部各种因素综合作用的结果，一国的价值观、文化、经济结构和历史都成为竞争优势产生的来源。美国著名未来学家阿尔文·托夫勒（Alvin Toffler）在其《第三次浪潮》中断言：哪里有文化，哪里早晚就会出现经济繁荣，而哪里出现经济繁荣，文化就向那里转移。文化是民族的血脉，是人民的精神家园，文化的力量深深熔铸在民族的生命力、创造力和凝聚力中。文化繁荣既推动经济繁荣，又是经济繁荣的表现。随着文化与经济相互交融、经济与文化一体化的态势更为明显，文化的作用日益突出，在某些领域和环节发挥着关键作用。习近平总书记指出："推动高质量发展，文化是重要支点。"①作为重要支点，文化为高质量发展提供价值引领、注入强大动力，对于满足人民美好生活需要具有重大而深远的意义。发展最终要以文化来定义，文化的繁荣是发展的最高目标。我们要充分挖掘利用特色优势文化资源，以文化为重要支点，坚持文化赋能、以文兴业，为高质量发展增添动能、增添活力。尤其高度重视优秀文化传统、珍贵文化遗产，视为不可再生的精神文化资本，将其转化为服务于人类现代和未来生活的文化资源，融入经济社会发展，在保护中利用、在利用中进一步提升其综合价值。

放眼全球，当今世界范围内各种文化的交流、交融、交锋空前激烈，民族的、本土的文化传统既具有不可替代和复制的重要价值，又面临着被边缘、取代、衰落甚至消亡的危险。文化领域成为国际政治、经济博弈的聚焦点，各国非常倚重文化软实力的发挥。这种文化软实力的竞争、较量，其实质是由谁引领人类历史发展的趋势、谁掌握文化前进的方向的话语权、谁占领文化软实力和道德制高点的争夺，某种程度上比硬实力的渗透力更强，影响力更持久。博大精深的中华优秀传统文化是中华民族的突出优势，是我们最深厚的文化软实力，是我们在世界文化激荡中站稳脚跟的根基。它不能仅仅只是遗产活化石，其价值也非简单用于经济开发，而是需要我们进一步从中汲取丰厚滋养，古为今用、推陈出新，传统文化现代解读，中国特色国际表达，从而让中华文化基因生生不息、薪火相传。

灿烂楚文化，鼎盛在荆州。荆州的楚文化源远流长、遗产荟萃，楚文化是荆州最珍贵的历史文化遗产，是最有价值、最有时代感、最具核心竞争力和世界影响力的历史文化资源。然而，由于真正意义上的楚文化发掘与研究不过几十年光景，以及荆州受制于地方财政投入有限、文物资源活

---

① 习近平.在教育文化卫生体育领域专家代表座谈会上的讲话（2020年9月22日）[N].人民日报，2020-9-23（002）.

化利用体制机制不够完善等因素，在相当长一个时期内，对优秀传统文化精神内涵和特色文化符号的有效提炼不够，对城市文化基因的提取和城市形象的打造不足，尚没有形成在全国乃至全世界都叫得响、拿得出、传得开的特色文化品牌。

差距和不足是明显的，但是更应看到后发优势的巨大潜力和无限可能。认真分析研究荆州的资源禀赋和发展现状，可以认为在区位优势、成本优势、技术优势、人才优势等方面，荆州固然有，而他人皆有；唯有荆楚文化资源优势，他人虽亦有，但荆州尤优，特别是楚文化的中心地位非荆州莫属，可谓"天下翘楚"，这是荆州竞争力的核心要素。另一方面，荆州目前还是一个传统农业大市和工业化、现代化水平不高的中等城市，需要大力推动城市再造和城市创新。而文化是有生命力的，天生就是与创新联系在一起的。如果打破就文化论文化的观念，把楚文化作为荆州发展的核心资源，建设荆楚文化传承发展高地，那么就掌握了一个城市发展创新转型的抓手，通过解放和发展文化新质生产力来调整城市结构、扩展城市功能、提升城市品位，实现突破性发展和质的飞跃，使荆州在长江中游城市群、长江经济带乃至更大的范围内获得更加鲜明突出的时代站位。

综上所述，荆州应进一步坚定文化自信、增强文化自觉，扛起楚文化传承发展大旗，探寻根脉，守正创新，让楚文化成为推动荆州建设发展的最深厚的文化软实力，以大思路、大手笔、大制作把文化资源优势转化为核心竞争力，全力打造新时代楚文化权威阐释地、场景再现地、活动聚集地、文旅目的地，努力让世界在荆州读懂楚文化，让楚文化从荆州走向世界，为促进人类文明永续发展做出中国贡献，谱写荆楚华章。

第三章　荆州文化概览

第一节　荆州文化特色

浩荡荆江九百里，巍峨楚天三千年。荆州文化，从广义的角度，是指从古至今在这片土地上居住生活的人们创造出的物质文化和精神文化的总和。依据本书的主题，本章主要指荆州的荆楚文化。当然，这并不是也不可能将其与长江文化、楚文化等截然分开，它们实际上是相伴相生、相联相融的关系，体现了文化的复杂多元性。梳理荆州的文化发展脉络，古代的荆州是荆楚文化的发祥地和主要承载地，当今的荆州一直是长江中游的文化重镇和荆楚文化的根脉所在。荆州具有楚文化鼎盛地、三国文化荟萃地、红色文化富集地、荆江文化展示地等典型鲜明的文化特色。

一、楚文化鼎盛地

楚文化是兴于周而对中华文化产生广泛影响的一种区域文化，因楚国、楚人而得名。楚国绵延 800 余年，楚文化随着楚国一步步走向繁荣强盛脱颖而出，成为周代荆楚地域的主体文化。尤其楚人都郢（纪南城）的 411 年（公元前 689 年至公元前 278 年）间，恰与人类文明至关重要的轴心时代相吻合，楚文化达到辉煌鼎盛。尽管历史已经邈远，但文化轴心时代所形成的民族文化模式，是中华民族的精神源头，楚文化的因子深深地融化在中华儿女的心灵里和血液中，是构成中华文明基础的重要部分。楚文化对当时及后世产生极为深远的影响，成为中国乃至全人类的共同文化财富，具有跨越时空、超越国界、富有永恒魅力和当代价值的特点。

（一）楚国兴亡

祝融后裔。按《史记·楚世家》和《国语·郑语》的说法，楚人的始祖是祝融，为帝喾高辛氏司天、司地的火正，职责是观象授时，又掌握火种，出炬烧荒，守燎祭天。在夏朝时，祝融部落发展成为一个势力较大的部落集团，号称祝融八姓，分布于中原地区。

商代晚期，八姓中的芈姓一支迁居丹水与淅水之间。其首领鬻熊审时度势，率部投奔周文王，受到器重。鬻熊是真正开创楚国基业的奠基人，是楚人公认必须祭祀的先祖。后世楚人首领以熊为氏，鬻熊的曾孙熊绎被周成王"封子男之国五十里"，跻身于诸侯之列，楚人从此正式有了"楚"这个国号和族名。由于楚君被分封在古代荆州的范围内，所以在先秦典籍中，楚人有时也被称作"荆人""荆蛮"，楚国有时也被称作"荆国""荆楚"。

筚路蓝缕。初立的楚国只是地处荆雎山区的一个蕞尔小邦，方圆不过几十里，地僻民贫，位卑势弱。熊绎建国都于丹阳（有河南淅川、湖北丹江口等多种说法），率众辛勤劳作，艰苦奋斗，锐意进取。《左传·昭公二十年》记载有楚人对此回忆："昔我先王熊绎，辟在荆山。筚路蓝缕，以处草莽。跋涉山林，以事天子。""筚路蓝缕"因此成为后世常用的成语，借以形容创业的艰辛。

经过大约一个半世纪的惨淡经营，至熊绎第四代孙熊渠时，楚国由弱变强，势力推进至江汉平原。熊渠曾分封三个儿子为王，分别镇守长江中游的要地，其中立长子熊康为句亶王于江陵（今荆州）。此举使荆州首次以战略要地而为世人瞩目，也为后来纪南城成为楚国国都奠定了基石。西周末期，周太史伯敏感地意识到楚国的变化，分析天下大势时预言：

"融之兴者，其在芈姓乎！""唯荆实有昭德，若周衰，其必兴矣。"(《国语·郑语》)

称王都郢。楚国的真正崛起是在春秋时期。公元前 741 年，楚厉王熊眴去世，其弟熊通夺取君位，在位 51 年，致力于开疆拓土，其中做了两件大事：创立县制和自立为王。即位之初，熊通挥师南下沮漳河，消灭了权国并设置权县（今沙洋县境内），直接委派官员治理，加强了楚王权力和国家实力，也使当时的国都与江陵联为一个战略区域的整体。熊通首创的县制[①]，是行政管理史上一项划时代的变革，至今县仍是中国的一级行政区划单位。站稳脚跟后，熊通开始征服"汉阳诸姬"。公元前 706 年，熊通迫使随国臣服，并要求随侯代为向周王室请求加封自己的爵号。公元前 704 年，得知周王室拒不加封，熊通大怒，认为"王不加位，我自尊耳"（《史记·楚世家》），于是自立为王，是为楚武王，成为天下诸侯中第一个敢于自己称王的国君。自此以后，楚国国君均沿袭"王"的称号。

随着国土的扩大，在早期的都城继续治国已经明显适应不了时局的发展，迁都到富庶的江汉平原势所必然。公元前 689 年，楚武王之子熊赀继位为楚文王，所做的第一件大事就是在迁都于郢（纪南城）。文王迁郢，既是楚国完全控制江汉地区的标志，又是楚国中原争霸的重要步骤，也造就了楚人挥之不去的"郢都情节"。楚国后来虽屡次迁都，但都会以"郢"来命名自己的都城。

---

① 关于"中国第一个县"，存在着不同的说法和争议。楚国设置权县，其文献依据是《左传·庄公十八年》："初，楚武王克权，使斗缗尹之。"因楚武王任命大夫斗缗为尹管理该地，由此推论设县（有学者推定权县设置为公元前 738 年前后）。一说为楚文王设置申、息二县，其文献依据是《左传·哀公十七年》："彭仲爽，申俘也，文王以为令尹，实县申、息。"有学者推定申县设置为公元前 687 年前后，息县设置为公元前 684 年前后。一说为秦武公十年（公元前 688 年）秦国设置邽、冀二县，其文献依据是《史记·秦本纪》明确记载："十年，伐邽、冀戎，初县之。"还有学者认为，楚秦设置的县类似于边防重镇，真正作为实质性的地方行政区域，始于晋平公十七年（公元前 541 年）晋国设置绛县。

问鼎中原。公元前672年，熊恽即位，是为楚成王。楚成王的一生是争霸的一生，其大事有召陵之盟、泓水之战、城濮之战等，为其孙楚庄王的称霸埋下了伏笔，提供了借鉴。

楚庄王熊侣是春秋时期楚国最有成就的君主，名列"春秋五霸"。他自公元前613年起在位23年，前三年不理朝政，实际是在考察楚国的诸臣。理政后，选贤任能，重视发展生产，对内图治，对外争霸，在军事和政治上取得很大的成功。公元前606年，楚庄王首次涉足中原，伐陆浑之戎，观兵周郊。公元前597年，晋楚邲之战，打败称霸中原几十年的晋国，成为公认的霸主。在楚庄王之前，楚国一直被排除在中原文化之外。楚庄王南征北战，"并国二十六，开地三千里"（《韩非子·有度》），不仅使楚国霸业进入鼎盛时期，威名远扬，"天下大事尽在楚"，也为华夏统一、民族精神的形成发挥了重要作用。有关他的典故，如"一鸣惊人""饮马黄河""问鼎中原""止戈为武"等成为成语，影响深远。

变法图强。经过春秋时期的兼并战争，进入战国时期后，"战国七雄"为了增强实力，纷纷进行变法。楚悼王熊疑任命吴起为令尹，厉行变法。吴起变法的主要内容是实行法治，削弱贵族特权，整顿吏治，加强军事训练，提高军队战斗力。经过变法运动，楚国经济、军事等方面得到一定发展，国力逐渐强盛。

楚威王七年（公元前333年），楚灭越，又在徐州大败齐军。至此，楚国迎来又一次巅峰期，势力遍及大半个中国，成为当时地域最广、人口最多、军事实力最强的国家。《史记·苏秦列传》记载苏秦对楚威王说："楚，天下之强国也；王，天下之贤王也……地方五千里，带甲百万，车千乘，骑万匹，粟支十年。此霸王之资也。夫以楚之强与王之贤，天下莫能当也。"虽是纵横家的游说之辞，但当时楚国的确是盛况空前。

哀郢悲歌。公元前329年，楚威王去世，其子怀王熊槐继位。楚怀王起初重用屈原等大臣革新强楚，合纵伐秦。公元前323年，随着地球之西的亚历山大帝国的分崩离析，楚国实际上成为当时世界上疆土最广的第一大国。然而，楚怀王志大才疏，接连丧师失地，楚国元气大伤，骤然由盛转衰，每况愈下。公元前299年，楚怀王被骗入秦，三年后客死他乡。公元前278年，秦将白起拔郢，繁华的都市变成一片废墟。"曾不知夏之为丘兮，孰两东门之可芜。"（屈原：《哀郢》）流放在外的屈原闻知噩耗，悲愤交加，农历五月初五日抱石自沉于汨罗江，以身殉国。楚文化的鼎盛期完结。

郢都沦陷后，楚顷襄王被迫迁都陈郢（河南淮阳）。公元前241年，楚考烈王又迁都寿郢（安徽寿县），国势江河日下。公元前223年，秦将王翦攻入寿郢，俘虏楚王负刍。楚国灭亡。

楚虽三户，亡秦必楚。统一的秦王朝的历史很短暂，秦末楚人揭竿而起，推翻暴秦。随着西汉的建立，楚文化和其他区域文化一起融合转化，逐渐形成新的汉文化。

（二）楚文化概况

八百年的楚国，留下了辟在荆山、波澜起伏的历史，也留下了浪漫奇谲、瑰丽多彩的文化。楚人扎根荆楚，交融南北，开拓进取，创造了极其丰富的物质财富和精神文化。在王生铁主编的《楚文化概要》一书中，总结为楚文化的"六大支柱"和"五种精神"[1]。其他学者专家也多有相近相似的归纳，反映了楚文化的基本特征和主要成就。在此择要阐述，管窥一斑。

灼灼"铜"华。青铜是红铜与锡、铅等的合金，青铜器是人类智慧的结晶。青铜时代是以使用青铜器为标志的人类物质文化发展阶段。中国的

---

[1] 王生铁.楚文化概要［M］.武汉：湖北人民出版社，2013.六大支柱：炉火纯青的青铜冶铸、绚丽精美的丝织刺绣、巧夺天工木竹漆器、义理精深的老庄哲学、惊采绝艳的屈骚文学、恢诡谲怪的美术乐舞；五种精神：筚路蓝缕的艰苦创业精神、追新逐奇的开拓进取精神、兼收并蓄的开放融会精神、崇武卫疆的强军爱国精神、重诺贵和的诚信和谐精神。

青铜时代距今约5000年，止于公元前5世纪，产生两个高峰：一个在商代，以殷墟时期所出为代表；另一个出现在春秋中晚期至战国早期，以楚国青铜器及铸造工艺为代表。

楚国拥有长江中下游铜绿山等重要铜矿资源，青铜冶铸业十分发达，铸造作坊广泛分布于城市乡村，铸造分工相当细密，铸造技术非常先进，无论是分范合铸、焊接镶嵌，还是失蜡法、漏铅法工艺，都达到当时世界的最高水平，青铜礼器、乐器、兵器和生活用器都得到长足发展，铸造出众多无与伦比的青铜器精品。青铜器的铸造和发展成就了楚文化的鼎盛。

荆州出土的大量精美青铜器彰显着两千多年前楚国青铜冶铸业的繁荣与发达。被称为"天下第一剑"的越王勾践剑，1965年出土于荆州望山楚墓群1号墓（现藏湖北省博物馆），历经2400年依然削铁如泥，其在铸造时运用的化学外镀工艺比欧美国家早了2000多年。现藏于荆州博物馆的虎形铜尊（出土于荆州江陵江北农场第二砖瓦厂）、蟠螭纹铜升鼎（图3-1）、兽流蟠螭纹铜提梁盉、战国铜编钟（以上皆出土于荆州天星观2号楚墓），也都是楚国青铜器的典型代表。它们焕发着灼灼文明之光，穿越时空连接古今，将楚文化的故事娓娓述来。

图3-1　战国·铜升鼎（出土于荆州天星观2号楚墓，荆州博物馆藏）

"漆"彩流光。漆器是将生漆涂饰在器物表面所制成的物品。早在7000年前，中国长江流域的先民就已开始使用漆器。春秋战国时期，中国漆器制造业进入第一个繁荣兴盛期。而楚国漆器产量之多、品种之备、制作之精、分布之广，都是以往和同时代所不能比拟的，被世界公认为"漆器工艺的最高峰"。

漆器制作主要包括胎骨制作、髹饰工艺和装饰彩绘三个方面，一件完整漆器需历经选料、雕刻、榫卯成型、白胚打磨、刮灰、砂光、清灰、上漆、绘画、描金等20余道工序。楚漆器通常以楠木和樟木作胎，整体物件往往由分别雕刻成型的部件榫卯组合而成，其造型在模拟各种物象基础上大胆创新，创作出既美观又实用的胎体；深沉的黑和热烈的红是漆器的基本色调，一般在器表髹黑，器里髹红，再敷陈五彩，流光溢彩，飘逸奔放，历经千年仍然光彩夺目；彩绘既有凤鸟纹、龙纹、兽面纹、蟠螭纹、卷云纹、云气纹等装饰性、抽象性纹饰，又有人物车马、狩猎、宴飨、出游等情景性图画，线条流畅，神韵灵动。楚漆器夸张奇异的造型、多彩炫丽的图饰风格，从天上到人间，从幻想到现实，既把远古传统的原始野性和激情活力体现出来，又向世人昭示了一个"神人以和"的理想境界，充分彰显了楚文化的浪漫主义色彩。

在荆州出土的虎座凤鸟架鼓、镇墓兽、彩绘浮雕龙凤纹漆豆、透雕彩绘漆屏、漆木蟾座凤鸟羽人（图3-2）等精美漆器，琳琅满目，美轮美奂。目前

图3-2　漆木蟾座凤鸟羽人
（出土于荆州天星观2号楚墓，荆州博物馆藏）

荆州博物馆藏有楚国及秦汉漆器逾万件，是全国收藏先秦漆器数量最多、质量最精的博物馆，其漆器藏品的数量占到全国漆器出土总数的五分之三左右。

荆绮楚练。中国是用桑蚕丝织绸最早的国家，自古即以"丝国"（seres）闻名于世。春秋战国时期，我国的丝织业已经非常发达。从历史文献看，楚国的"荆绮""楚练"，能与中原的"齐纨""鲁缟"齐名媲美。楚辞中有不少描写楚国丝绸的华丽诗句，如"华彩衣兮若英""佩缤纷其繁兮""翡翠珠被，烂齐光些。蒻阿拂壁，罗帱张些。纂组绮缟，结琦璜些"，反映了楚国丝织品的丰富多彩。从考古发掘来看，迄今所能见到的先秦丝织物多数是楚国的，保存最好的也是楚国的。考古发现的楚国丝织品主要集中在湖北荆州、湖南长沙、河南信阳等地。尤其是江陵马山 1 号楚墓出土的丝织品年代之早、品种之多，工艺之精、色泽之艳，以及保存完整性之高，都是前所未有的，是我国考古史上对东周丝织品的一次最为集中的重大发现，为研究楚国的纺织、刺绣手工业的技术水平提供了可靠的实物资料。

马山 1 号楚墓位于江陵县马山公社砖瓦厂（今属荆州区马山镇），距楚故都纪南城约 8 千米。1982 年 1 月，砖瓦厂民工在取土时发现一座小墓，荆州地区博物馆随即派人进行清理。墓主人是一位中年女性，经分析其身份很可能是楚国宫廷管理丝绸织造的官员，下葬时间大约在公元前340 年至公元前 278 年之间。墓中出土各类丝织物 152 件，其中完好的丝织衣物分为服饰、衾和其他用品三类 35 件（图 3-3），以及装在 4 件竹笥中的锦、纱、绣锦等 12 个品种的丝绸碎片共 452 片。

马山 1 号楚墓的丝织品据织法和结构，可分纱、绢、绨、组、罗、绮、锦、绦八大类，几乎包括我国先秦丝织品的全部品种。其中经线提花锦的结构、纹样十分复杂，说明楚国已有了先进的提花织机和成熟的织造技术。而针织绦带，是我国发现的年代最早的针织品，把我国针织技术起源的历史提前到公元前 3 世纪左右。这些丝织品中有 21 件刺绣品，一般选

荆风楚韵：湖北荆州传承发展荆楚文化研究

图 3-3 凤鸟纹绣浅黄绢面绵袍（出土于荆州马山 1 号楚墓，荆州博物馆藏）

用绢为绣地，刺绣前大多用淡墨或少量朱色将画稿临摹在绣地上，刺绣时主要用"锁绣"的针法。纹饰以菱形纹等几何形纹为主，图案以楚人崇尚的龙凤形象最丰富。绣线有棕、红棕、深红、朱红、橘红、浅黄、金黄、土黄、黄绿、钴蓝等颜色。这些织造精良、绣纹绚丽、色彩鲜艳的楚国丝绸刺绣品，呈现了楚文化的神秘之美、抽象之美、象征之美和装饰之美。

考古发现与传世文献资料的相互印证，可以推断楚国已经掌握饲蚕、缫丝、织造、染整等一整套技术与工艺，足以代表当时我国丝织工艺技术的最高水平。在此基础上，形成华美精致实用、蕴含楚人审美取向和艺术气质的"楚服"，不仅推动了春秋战国时期的服装发展，而且深刻影响汉代服饰形制。西汉开国君臣多为楚人，故楚风流布全国。沈从文在其《中国古代服饰研究》一书中指出："汉代文化各部门都受楚文化影响，文学受《楚辞》影响十分显著。衣着方面也常提及'楚衣''楚冠'……特征是男女衣着多趋于瘦长，领缘较宽，绕襟旋转而下。衣多特别华美，红绿缤纷，衣上有作满地云纹、散点云纹或小簇花的，缘边多较宽，作规矩图案，一望而知，衣着材料必出于印、绘、绣等不同加工，边缘则使用较厚重织锦，可和古文献记载中'衣作绣、锦为缘'相印证。近年长沙马王堆出土西汉大彩俑和丝织品袍服实物，材料之细薄，刺绣之精美，都达到极高的水平。剪裁制度和楚墓彩俑还十分相近。屈原常自称'余幼好此奇服'，应即近似这一类形象。"① 就这样，楚风遗韵深深地镌刻在中国传统服饰的基因之中。

非常之"道"。道可道，非常道。道家是中国古代的一种思想流派，以"道"为核心，认为"大道无为"，主张"道法自然"，具有朴素的辩证法思想。道家思想影响深远，是中国传统思想文化的主干之一，也是全人类共同的精神财富。"老庄之徒生于南方"（王国维：《屈子文学之精神》），道家思想产生并兴盛于楚国，这是楚国思想家对于中国乃至人类思想史作出的最重要的贡献之一。

道家的起源可以追溯得很久远，黄帝被尊为道家的始祖。而楚人将其先祖鬻熊及其后学的一些言论记录下来，辑成《鬻子》一书，共有22篇。该书最早论及宇宙生成问题："天地辟而万物生，万物生而人为政焉。"又提到刚柔、盈亏、离合、生杀、往来等对立范畴，并从事物对立面的转化中，确立了守柔的政治主张和人生哲理。《鬻子》被认为是道家思想的源头，为诸子之肇始，百家之首唱。

以《道德经》（又称《老子》）的问世为标志，道家思想已经完全成型。关于老子的身份、生平与《道德经》一书的作者到底是谁的问题，虽然长期存在争议，但通常的说法都是以司马迁在《史记·老子韩非列传》

———————————

① 沈从文.中国古代服饰研究 [M].上海：上海书店出版社，2005：59-60.

中的倾向性看法为依据，即道家学派创始人是春秋时期的老子（约公元前571年至约公元前470年，一说公元前571年至公元前471年），姓李名耳，字聃，楚国苦县（今河南省鹿邑县）厉乡曲仁里人，传世《道德经》共有81章，合计5000余字，文意深奥，包涵广博，体现了古代中国人的一种世界观和人生观，是道家哲学思想的重要来源，是中国历史上最伟大的名著之一。

战国中期道家思想的集大成者庄子（约公元前369年至约公元前286年），名周，蒙（主流说法为今河南商丘东北）人[1]，与老子并称"老庄"。庄子的主要思想通过《庄子》一书传承下来。该书包罗万象，对宇宙生成论、人与自然的关系、生命价值、批判哲学等都有详尽的论述。鲁迅先生评价："其文则汪洋辟阖，仪态万方，晚周诸子之作莫能先也。"（鲁迅《汉文学史纲要》）《庄子》以引人入胜的方式阐述哲理，被称为"文学的哲学，哲学的文学"，对中国文学、审美的发展也有着深远影响。

老庄等道家代表人物虽不是郢都人，是否到过郢都也没有史料记载，但不能否认道家思想与荆州的关联。今天荆门境内的沙洋县纪山镇在春秋战国时期属楚国郢都（纪南城）近郊[2]，以纪山寺为中心，方圆10余平方千米范围内，有着规模不等的20多处连片墓地，这就是全国重点文物保护单位——纪山楚墓群。1993年10月下旬，湖北省荆门市博物馆对位于纪山镇郭店村一组的郭店1号楚墓（南距纪南城约9千米）进行抢救性清理挖掘，出土竹简804枚，其中有字简730枚，计13000多个楚

---

① 《史记·老子韩非列传》："庄子者，蒙人也，名周。"这是有关庄子身世的最权威的记载。蒙应该是一个区域地名。关于庄子国属的争论由来已久，存在多种说法。认可度较高的说法有楚人说和宋人说两种。有一些学者认为，庄子原系楚国公族，楚庄王后裔，后因乱迁至宋国。

② 荆门历史上长期隶属荆州。中华人民共和国成立以后，荆门一直设县，属荆州专区；1960年，设立沙洋市与荆门县同属荆州专区；1961年撤沙洋市，仍属荆门县；1979年11月将原荆门县划为荆门市和荆门县，属荆州地区。1983年，荆门县并入荆门市，升为湖北省直辖市，下设东宝区、沙洋区。1996年，荆州市所辖京山县、钟祥市划归荆门市。1998年，沙洋撤区设县。

国文字。经整理，郭店楚简共有18篇先秦道家和儒家文献，其中道家典籍4篇，分别为《老子》（甲乙丙）和《太一生水》。这是迄今所发现的时代最早、文字最原始的道家著作（图3-4），也证明《道德经》的成书至

图 3-4　郭店楚简《老子》乙（局部）

荆风楚韵：湖北荆州传承发展荆楚文化研究

少在战国中期以前。此外，上海博物馆楚简和清华大学楚简被认定都是在荆州、荆门被盗掘而一度流失的，其中既有道家哲学著作，又有其他诸子学派的著作。《史记·老庄申韩列传》记载："楚威王闻庄周贤，使使厚币迎之，许以为相。"虽被庄子拒绝，但《庄子》一书中多记楚人楚事，如《徐无鬼》篇中郢匠"运斤成风"故事，均显示着庄子对楚国和郢都是十分熟悉和了解的。以上事实证明，楚国郢都（纪南城）是春秋战国时期道家学说传播和发展的一个中心，也是当时汇聚中国思想文化的一个中心。

独领风"骚"。中国文学史上，《诗经》（国风）与《楚辞》并称"风骚"，屈原与宋玉并称"屈宋"。屈原是中国第一位伟大爱国诗人，是中国的"诗祖""诗魂"。他创作了《离骚》《九歌》《九章》《天问》等不朽名篇，是中国文学浪漫主义的源头，被称之为"楚辞"。因为这是他在楚国民歌基础上开创的一种新诗体，带有鲜明楚文化色彩，"盖屈宋诸骚，皆书楚语，作楚声，记楚地，名楚物，故可谓之'楚辞'。"（宋·黄伯思：《校定楚辞序》）西汉末年，刘向搜集屈原、宋玉等人的作品，辑录成集，定名为《楚辞》，楚辞遂又成为诗歌总集的名称。由于屈原的《离骚》是楚辞的代表作，所以楚辞又被称为"骚"或"骚体"。

作为一种诗歌体裁，楚辞昙花一现，很快就成为那个时代的绝响。但卓绝楚辞则是历代文人学子必加诵读的诗篇，更开创了一种浪漫、奇谲、高洁的诗性文化和审美范式。流风余韵延绵不绝，不朽精神万古长存。作为新中国第一次向世界推出中华民族优秀文化的代表，1953年屈原名列"世界四大文化名人"；2009年端午节被列入《人类非物质文化遗产代表作名录》。屈原的爱国情操、高洁人格和伟大诗篇光争日月、流芳百世，由此形成的屈原文化具有穿透历史的时代价值，是构建中国话语体系、传播中国核心价值、彰显中华文明内核的重要载体和标志（图3-5）。

图 3-5 2018-15T《屈原》小型张①

　　屈原之后，宋玉、唐勒、景差等楚国文学家"皆好辞而以赋见称"（《史记·屈原贾生列传》）。他们师法屈原创作楚辞体诗歌，如宋玉的代表作《九辩》，还创作一种主要在楚辞基础上演变而成的赋体文学，如宋玉的《风赋》《高唐赋》《神女赋》，清人何焯评价其有"铺张扬厉""词尚风华"与"义归讽谏"三大特点，是汉赋的直接源头。宋玉能与屈原并称，是后世对于他在中国文学史上的这一开创性贡献的肯定。

------

　　① 2018 年 6 月 18 日端午节，中国邮政发行 2018-15T《屈原》1 套 2 枚、小型张 1 枚，邮票图案名称分别为：忧歌离骚、求索问天，小型张图案名称为：屈原像。这是继 1953 年发行纪 25《世界文化名人》（4-1）屈原、1994 年发行 1994-9J《中国古代文学家》（二）（4-4）屈原，屈原第三次登上新中国邮票。中国邮政还发行有 1994-18T《长江三峡》（6-6）屈原祠、2007-28T《长江三峡库区古迹》（4-4）屈原墓等邮票。此外，中国港澳台地区也发行有多种屈原相关主题的邮票。

"屈宋"是楚文化的代表人物，郢都（纪南城）曾是他们施展才华抱负的重要舞台，其辞赋创作及主题内容多有今天的荆州关联，留下不少遗迹和传说，以致"曾闻宋玉宅，每欲到荆州"（唐·杜甫：《送李功曹之荆州充郑侍御判官重赠》），引发后世文人墨客的凭吊咏怀。"屈宋"及其辞赋是楚文化的瑰宝，也是荆州的骄傲。

精神文化。楚文化的内涵博大精深，楚人的精神世界丰富多彩。楚文化在民族精神层面的显著特征是奋斗精神与兼容观念。楚人实际是一个多灾多难的民族，但他们克服重重困难，在商周的蔑视与攻伐中发展壮大，在春秋战国争霸称雄的舞台上实现宏图大业，终成泱泱大国。其根本原因在于"筚路蓝缕，以启山林"的艰苦创业历程中，楚人培育形成一种刚毅自强、进取担当的奋斗精神，走出了一条开放创新、强国富民之路。另一方面，由于楚人被华夏视为蛮夷，又被蛮夷当作华夏，反而形成自身"抚夷属夏"的兼容观念，拥有不分畛域的开放胸襟和广采博纳的包容情怀，成为南方各民族融合的中心。在发展过程中，楚人兼采夷夏之长，乐于交流融合、推陈出新，在开放的基础上形成了自己的文化特色，在融合中保持了自己的文化生机，从而成就了楚文化的博大精深、精彩绝伦。

楚文化在民族心理层面的特征是崇火尚凤、信巫重祀、天人合一、力主浪漫，与中原文化尚土崇龙、敬鬼远神、天人相分、力主现实形成鲜明对照。此外，楚人尚赤、尚东、尚左也与中原文化有所不同。楚人的民族心理深深积淀在楚人心中，表现在楚人生活的各个方面，使楚文化真正成为独特的"这一个"。

（三）楚文化的历史地位

秦汉以后，楚文化更多的是作为文化因子以老庄思想、屈宋辞赋、端午民俗等面貌和形式存续于中华文脉、荆楚文化之中。作为一种特定文化，楚文化再次引起学术界的高度关注，始于20世纪50年代的一系列考古发现。20世纪60年代，考古重心转移到湖北，楚故都纪南城成为寻找楚文化的中心，今荆州等楚国中心地区的楚文化遗存被大量发掘出来。至1975年，已发现楚墓4000多座，出土文物数以万计，包括越王勾践剑、吴王夫差矛、丝织品、漆器等稀世珍宝，堪称地下楚文化宝库。1978年5月随州曾侯乙墓的发掘，出土文物计1.5万多件，特别是楚文化重要珍品之一的编钟。1982年，江陵马山1号楚墓出土2300多年前的华美服饰，被称为丝绸宝库。1987年，荆门包山2号楚墓出土2000多件文物。20世纪90年代，荆门郭店1号墓出土竹简800余枚，被誉为"改写中国思想史的神州第一书"。同一时期，湖南、河南、安徽等其他楚国故地的考古工作也不断取得重大成果。目前全国考古发现并公布的楚文化城址50余座，考古发掘的楚墓葬超过10000座。考古学为我们全面、真实、深刻地认识楚文化，提供了前所未有的契机。

拂去2000多年的历史尘埃，数不胜数的楚文物及其研究证实，楚文化在先秦时期各区域文化中独树一帜，以楚文化为代表的长江文化与中原黄河文化激荡融合，交相辉映，构筑了中华文明的主要支柱。若将楚文化置于全球范围，就会发现，它堪称世界一流，完全可与同时期西方文明的代表古希腊文化并肩媲美。从整体而言，楚文化和古希腊文化同时从不同方向登上了世界文明轴心时代的光辉殿堂。

"轴心时代"（Axial Period，又译作"轴心期"）是德国存在主义哲学家卡尔·西奥多·雅斯贝尔斯（Karl Theodor Jaspers）在1949年出版的《历史的起源与目标》一书中提出的重要命题。雅斯贝尔斯把以往的人类发展史分为四个阶段，即史前时代、古代文明时代、轴心时代和科技时代，认为公元前800年至公元前200年之间，尤其是公元前600年至前300年间，是人类文明的轴心时代。轴心时代是人类文明精神的重大突破时期，人意识到自己能力的限度，意识到自己作为整体的存在，开始追求更高的目标。轴心时代发生的地区大概位于北纬25度至35度区间。当时古代希腊、古代中国、古代印度等文明都产生了伟大的思想家，其代表人物分别为古希腊的苏格拉底和柏拉图、中国的老子和孔子、印度的佛陀，他们提出的思想原则塑造了不同文化传统，并一直影响着人类生活。"直至今日，人类一直靠轴心期所产生、思考和创造的一切而生存。每一次新的飞跃都回顾这一时期，并被它重燃火焰。自那以后，情况就是这样。轴心期潜力的苏醒和对轴心期潜力的回忆，或曰复兴，总是提供了精神动力。对这一开端的复归是中国、印度和西方不断发生的事情。"①2014 年 10 月 15 日，习近平总书记在文艺工作座谈会上谈到中华文化的强大感召力和吸引力时，引述雅斯贝尔斯的"轴心时代"基本观点，并评价"这段话讲得很深刻，很有洞察力"②。

文化是民族生存和发展的重要力量。人类社会每一次跃进，人类文明每一次升华，无不伴随着文化的历史性进步。楚文化是人类文明轴心时代的产物，是构成中华文明基础的重要部分。正如习近平总书记指出："中华民族在几千年历史中创造和延续的中华优秀传统文化，是中华民族的根和魂。"③"古往今来，中华民族之所以在世界有地位、有影响，不是靠穷兵黩武，不是靠对外扩张，而是靠中华文化的强大感召力和吸引力。我们的先人早就认识到'远人不服，则修文德以来之'的道理。阐释中华民族禀赋、中华民族特点、中华民族精神，以德服人、以文化人是其中很重要的一个方面。"④"文以载道，文以化人。当代中国是历史中国的延续和发展，当代中国思想文化也是中国传统思想文化的传承和升华，要认识今天的中国、今天的中国人，就要深入了解中国的文化血脉，准确把握滋养中国人

① ［德］卡尔·雅斯贝斯.历史的起源与目标［M］.魏楚雄，俞新天，译.北京：华夏出版社，1989：14.

② 习近平.在文艺工作座谈会上的讲话（2014 年 10 月 15 日）［J］.求是，2024（20）：4-23.

③ 习近平.在庆祝澳门回归祖国 15 周年大会暨澳门特别行政区第四届政府就职典礼上的讲话（2014 年 12 月 20 日）［N］.人民日报，2014-12-21（02）.

④ 习近平.在文艺工作座谈会上的讲话（2014 年 10 月 15 日）［J］.求是，2024（20）：4-23.

的文化土壤。"① 新时代坚定文化自信，推进中国式现代化，建设中华民族现代文明，需要我们焕发楚文化的历史荣光，传承发展好荆楚文化。

（四）荆州的楚文化遗存

"江汉沮漳，楚之望也。"（《左传·哀公六年》）楚文化的繁荣昌盛，是在迁都于郢（纪南城）后才真正开始；今天荆州的尊荣地位，是与楚国故都纪南城、与楚文化的辉煌成就紧密联系在一起的。著名楚文化学者张正明提出："古希腊第一位的名都是雅典，楚国第一位的名都是位于江陵的郢都。在包举西方和东方的历史视野中，不妨说，江陵曾是东方的雅典；当然也不妨说，雅典曾是西方的江陵。"② 这一论断，经过很多学者加以论证，已经在学术界得到广泛认同。

由于郢都（纪南城）是楚国也是楚文化鼎盛时期的都城所在，不仅汇聚大量优秀人才，创造了辉煌灿烂的文化，也给我们留下了丰富宝贵的历史文化遗产。20 世纪 60 年代以来，荆州一直是楚文化考古和研究的中心。目前累计发掘楚文化遗址近 5 万平方米、楚墓葬近 7000 座。楚文化历史遗存以楚纪南故城遗址及其周边的马山、八岭山、天星观等古墓群为代表（图 3–6）。楚纪南故城是楚文化中具有至高性的中心遗址，马山墓群和八岭山墓群是具有突出代表性的楚国高等级贵族陵园，雨台山墓群是迄今发现规模最大的楚平民墓地。荆州出土楚文物的等级和数量位居湖北前列、全国第一方阵，种类繁多，造型别致，制作精巧，装饰华丽，凝聚着楚人的勤劳和智慧，集中体现了楚文化的奇丽风貌，进一步增强了楚文化的历史信度、丰富了楚文化的历史内涵。

————————

① 习近平 . 在纪念孔子诞辰 2565 周年国际学术研讨会暨国际儒学联合会第五届会员大会开幕会上的讲话（2014 年 9 月 24 日）[N].人民日报，2014-09-25（02）.

② 湖北省历史学会，江陵古都学会，江陵名城研究会 .南国名都江陵——它的历史与文化 [M].武汉：湖北教育出版社，1993：9.

荆风楚韵：湖北荆州传承发展荆楚文化研究

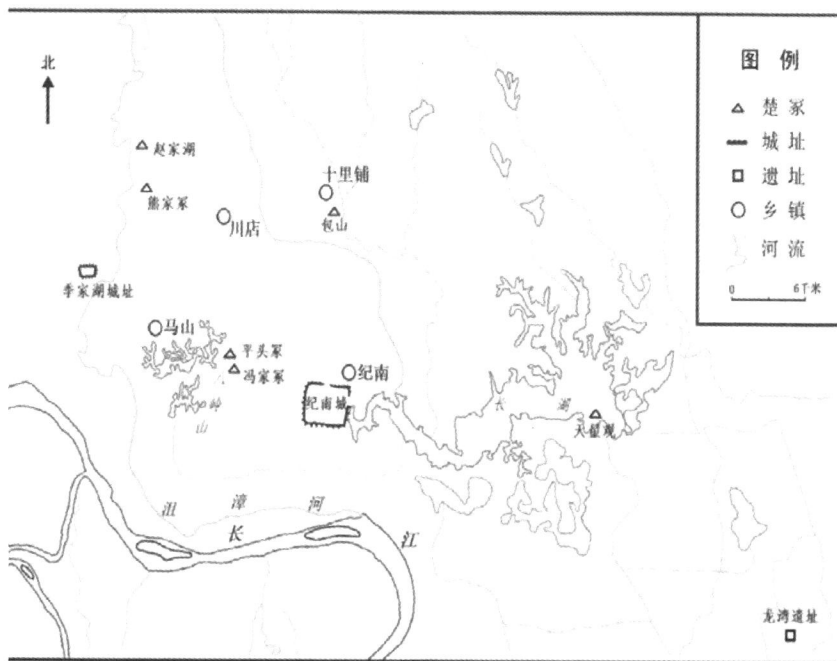

图 3-6　纪南城及周边遗存示意图 ①

　　荆州是历史上楚文化鼎盛地，是现代实证"楚国八百年"的中心区域。扛起楚文化大旗，研究楚文化，宣传楚文化，把荆楚文化精神发扬光大，让文化资源优势转化为发展优势，是荆州义不容辞的责任。

二、三国文化荟萃地

　　滚滚长江东逝水，浪花淘尽英雄。东汉末年至三国时期，在历史长河中只是短暂的一瞬间，但却是一个波澜壮阔、风云激荡的年代，也是一段古今广大民众津津乐道、最为熟悉的历史。当时的荆州成为群雄角逐的焦点、国家分合的关键。围绕着夺荆州、借荆州、守荆州、袭荆州、失荆州，大大小小的谋略和战争贯穿始终，众多英雄豪杰纵横捭阖、叱咤风云，呈现出整个三国争斗中最为精彩的历史篇章，留下了许多脍炙人口的传奇故事。尤其是经过古典文学名著《三国演义》以及各种文艺形式的创作和演绎，这些三国人物和故事愈加鲜活生动，家喻户晓，深入人心，以致"闻听三国事，每欲到荆州"，荆州获得"三国名城""三国文化之乡""关公文化之乡"等美誉。

（一）荆州三国风云

东汉时期，荆州下辖七郡[1]，水陆交通四通八达，是连接中原、江东与巴蜀的关键节点，战略地位十分重要，乃兵家必争之地[2]。从汉末三分天下到西晋重归一统，荆州的局势始终影响着天下大势。一部三国历史，从分、合的意义上讲，也可以看作荆州之争的历史。

刘表据荆州。东汉末年，天下大乱，各地军阀割据称雄，相互攻城夺地展开激烈争战。初平元年（190年），刘表出任荆州牧，采取保境安民的举措。经过近二十年苦心经营，"南接五岭，北据汉川，地方数千里，带甲十余万"，呈现出相对安定的局面。但刘表才略有限，各方势力早已对荆州虎视眈眈，把占有荆州作为发展自身、争夺天下的目标和手段。郭嘉向曹操提出了"当先定荆"的建议，无奈曹操尚未完全平定北方，一时无暇南顾；荀彧则建议"先定河北，后修复旧京"，最后"南临荆州"（魏晋·陈寿《三国志·魏书·荀彧荀攸贾诩传》），将夺取荆州作为统一全国的最后一步棋。诸葛亮在《隆中对》为刘备分析天下大势："荆州北据汉、沔，利尽南海，东连吴会，西通巴、蜀，此用武之国，而其主不能守，此殆天所以资将军，将军岂有意乎。"（魏晋·陈寿《三国志·蜀志·诸葛亮传》）提出跨有荆（州）益（州）、以夺天下的谋略。东吴孙权因杀父之

---

① 东汉末年至三国时期，荆州的属郡随着战况时有变化，并且逐渐分立出多个新郡。

② 荆襄古道是古代从中原京都（西安、洛阳等）出发，向南经过襄阳，到达荆州（江陵）的道路。在历史上相当长的时期内，它是我国南北方之间最主要、最便捷的陆路通道。还伴有汉水、长江、沮漳河等通畅的水路交通体系。而据有荆州（江陵）后，就能有效地掌控长江流域各地。

仇，三次进攻刘表。而得知刘表去世，鲁肃立即向孙权献策："荆州与国邻接，江山险固，沃野万里，士民殷富，若据而有之，此帝王之资也。"（宋·司马光《资治通鉴·卷第六十五·汉纪五十七》）

三家夺荆州。建安十三年（208年）秋八月，曹操挥师南下荆州，揭开汉末三国荆州之争的序幕。刘表的继承人次子刘琮不战而降，迫使孙权、刘备联合起来共同抵抗，赤壁之战大败曹军。最终荆州被三家瓜分，曹操占据襄阳、南阳；孙权占据南郡、江夏；刘备则占有长江以南的武陵、长沙、零陵、桂阳四郡和江夏的鄂县、夏口等部分要地，初步形成三足鼎立局面。

刘备借荆州。在诸葛亮《隆中对》的设想中，刘备西进巴蜀、北伐中原的一个主要支点就是荆州，其中扼守长江中游要冲的南郡治所江陵（今荆州市）尤为重要，既可以作为抵御曹操的战略重镇，又可以作为溯江而上入蜀的军事基地。但是，江陵在孙权手中。建安十五年（210年），刘备亲自赴京口面见孙权"借荆州"（以江陵为中心的南郡）。根据现实需要，孙权权衡再三后同意。作为交换条件，刘备退出江夏，还从长沙郡分出汉昌郡，孙权所占荆州的地盘和江东由此连成一片，而江陵作为荆州抗曹的主战场也为东吴起到战略缓冲的作用。这是孙权从"借荆州"得到的好处。"借荆州"既是刘备事业上的重大胜利，势力迅速发展，又留下孙刘联盟后来破裂的隐患。

关羽守荆州。建安十六年（211年），刘备领兵入蜀，让诸葛亮、关羽留守荆州。第二年，诸葛亮等入蜀支援，关羽独当一面镇守荆州，与西蜀成掎角之势。位于江东上游的荆州是东吴的门户，孙权始终耿耿于怀。孙权数次派使者向刘备讨要荆州，刘备迟迟不还。双方矛盾不断升级，明争暗斗尖锐，终于彻底爆发。

大意失荆州。建安二十四年（219年）七月，关羽利用曹魏兵马东调与孙吴在淮南交战之机，率主力大举北伐，发起襄樊之战，水淹七军，威震华夏。曹操一度打算迁都以避其锋芒，最终采纳司马懿的建议，与孙权暗中联合。孙权派吕蒙白衣渡江，偷袭江陵。荆州局势风云突变，关羽在重夺荆州无望之下，败走麦城，被擒杀于临沮（今湖北宜昌市远安县）。名将落幕，传奇永存。天地英雄气，千秋尚凛然。关羽死后，刘备执意亲征东吴，在夷陵之战中大败。从此刘备势力基本退出了荆州的争夺，偏于西蜀一隅，三国鼎立的格局基本定型。

西晋伐荆州。后主炎兴元年（263年），蜀汉灭亡。曹魏咸熙二年（265年）司马炎代魏，建立晋朝（史称西晋）。晋吴形成南北对峙局面，在荆州的边界线最长，这里成为灭吴战争的关键地区。西晋名臣羊祜镇守荆州近十年，屯田兴学，扩军练兵，以德怀柔，全力筹备灭吴计划。晋咸宁四年（278年）十一月，羊祜病逝，被追赠侍中、太傅。他临终前推荐另一位名臣杜预接任自己。晋咸宁五年（279年）十一月，西晋采用羊祜的遗策，兵分六路伐吴。杜预任西线指挥，很快取江陵，占荆州，三国时期的荆州之争就此结束。荆州被攻克后，东吴无险可守。晋军顺江而下，东吴土崩瓦解。太康元年（280年）三月十五日，东吴灭亡，东汉末年以来分裂近百年的中国复归统一。庆功宴上群臣祝贺，晋武帝司马炎举起酒杯，流着眼泪感怀："此羊太傅之功也！"（《晋书·羊祜传》）随后派官员告祭羊祜庙，并依照西汉萧何的旧例封赏羊祜的夫人夏侯氏，以表彰其功。

（二）荆州关公文化

蜀汉名将关羽，作为一个历史人物，在正史《三国志》中的传记不过九百多字，既被称赞是"万人之敌""为世虎臣"，又被批评为"刚而自矜""以短取败"。但千载以降，关羽压倒群雄，晋升为整个中华民族"护国佑民"的神祇，崇为"武圣"，与"文圣"孔子齐名，被敬称关公、关圣、关帝、关圣帝君、关老爷、武圣人、武财神等。其祠庙遍布各地，香火不断。"儒称圣，释称佛，道称天尊，三教尽皈依。式瞻庙貌长新，无人不肃然起敬；汉封侯，宋封王，明封大帝，历朝加尊号。叙是神功卓著，真所谓荡乎难名。"这幅清代关庙中的楹联颇能概括关羽在中国传统社会中的巨大影响。关公信仰作为一种极富民族、地域特征的文化现象，形成了以关羽及其相关事物为载体的关公文化，在当今世界文化领域仍备受瞩目。

关公，是一种精神信仰。关羽的一生是壮烈的一生，忠肝义胆，智勇双全，尽显英雄本色。又经千百年来的塑造、传播，一个"对国以忠、交友以义、待人以仁、处事以智、作战以勇"，凝聚着中华民族传统美德之精髓的关公形象展现在世人面前。人们最推崇关羽的"义薄云天"，称之为"义绝"。"义"，既是一种道德规范，又代表人与人之间的情谊，在中国传统价值系统中具有不可动摇的崇高地位，是中华民族传统文化中最有生命力的行为准则。这是关羽能被后世万众景仰，被儒道佛诸家思想所接受，并不断被神圣化的原因所在。关公崇拜是中国以至东亚、世界范围的中华文化圈共享的重要文化传统。自公元 3 世纪起源、至公元 9 世纪发展成为基本成熟的信仰以来，以"义"为核心的关公崇拜一直是指导、规范人际关系的东方哲学基础。它是全球范围内持续时间最久的、以个人为对象的民间崇拜体系之一，也是最古老的以"非统治者、非宗教领袖"的身份封神的崇拜体系，表现了中华文明中独特的民间信仰形成模式——由几乎所有社会阶层、群体、宗教派别共同诠释、强化、扩散，并最终由统治阶级承认并加封。关羽的忠义为历代统治阶级所推崇，诚信被商界奉为信条，礼、仁、智被儒家尊为人伦典范，勇武则为平民所敬仰。这种整个华夏民族的认同感，在一定意义上强化并凝聚了中华民族精神。以忠义仁勇为核心的关公精神，随着时代发展不断被赋予新的意义，如今已然成为民族精神和大义，成为社会发展与和谐的根本。

关公，是一种文化现象。其由将而侯而王而帝而圣的1000多年，就是由关公故事、精神流传—信仰风俗出现—关公文化形成的过程。这个过程中，由官方和民间共同缔造关公文化和信俗几乎渗透于人们思想及生活的各个方面，包括宗教、祭祀、民俗、文艺等，形成了广泛的极具地方特色的文化现象。其物质文化遗产有建筑、雕像、碑刻等，其中建筑遗产可大致归为遗迹、陵寝、祠庙、会馆等四类。据不完全统计，现世界上共有30多个国家和地区建有各类专祀关羽的庙宇3万余座。截至2019年，第一至八批全国重点文物保护单位中共计45处关庙。非物质文化遗产如小说、戏剧、祭仪，不胜枚举。在民间传说、文学作品中，关羽的形象被赋予了神奇的色彩和崇高的地位。2008年公布第二批国家级非物质文化遗产名录列入了关公信俗。关公文化成为中国传统文化的瑰宝之一，感召力之强，涵盖面之广，实属罕见，激励着、团结着一代又一代的中华儿女。

关羽人生的最后十多年是在荆州度过的，功绩巅峰在荆州，穷途末路也在荆州（麦城、临沮、当阳等地当时均属荆州南郡）。人们对历史上关羽的仰慕与同情，是形成关公崇拜现象亦即关公文化现象的前提。关羽与荆州在历史上的特殊关系，也是关公崇拜现象首先发端于荆州的基本原因（图3-7）。

图 3-7　荆州古城关帝庙内的关公塑像

立祠建庙始于荆州。为关羽立祠建庙，是关公崇拜现象的首要表现。关羽祠庙从一开始就是关公文化的主要载体。当初关羽遇害后，荆州当地便逐渐奉祀关羽为一方神灵。明代湖广按察使《义勇武安王墓记》称：在当阳关陵"邑人祠而祀之，创而随废者，不知凡几"。唐德宗贞元十八年（820年）董侹所撰《荆南节度使江陵尹裴公重修玉泉山关庙记》（简称《重修玉泉山关庙记》）载："寺西三百步，有蜀将军都督荆州事关公遗庙存焉。"由此可见，在关羽墓地不远处的玉泉寺西，早就建有关羽祠庙。玉泉山关庙是已知最早的关庙。南宋陈渊在其《默堂集》中记述："臣尝游荆州，见荆人所以事关羽者，家置一祠，虽父子兄弟室中之语，度非羽之所欲，则必戒以勿言，唯恐关羽之知之也。"可见，至迟唐宋时荆州民间的祀关活动拜已形成广泛成熟、深入人心的地方信仰。

神话传说始于荆州。关羽的神话传说是信崇关羽的一种表现。最有影响也最为人们熟悉的是关羽玉泉山显灵的故事。唐代董侹所撰《重修玉泉山关庙记》载：南朝陈光大（567-568年）年间，关羽显灵施展神力，帮助智顗（智者大师）兴建玉泉寺。这说明，早在陈、隋之际，荆州民间已流传关羽的神话传说。至于《三国演义》第77回"玉泉山关公显圣、洛阳城曹操感神"，是在神话关羽的传说基础上的艺术创造。

佛教尊奉始于荆州。神话传说视关羽为神灵，主要反映民间对关羽的信崇。关羽真正跻身神仙之列，是在儒佛道的崇奉之后。其中佛教最早神化关羽且发端于荆州。据《佛祖统纪·智者传》记载：隋开皇十二年（592年），天台宗的创始者智顗（智者大师）到荆州，欲创佛寺。一日见关羽神灵告之，愿建寺护持佛法。佛寺建成后，关羽表示愿皈依佛门。智顗当即授以五戒，收为弟子，并奏于晋王杨广，封关羽为伽蓝护法神，塑像供奉，使关公成为中国本土佛教菩萨。据此，古今学者多认为佛教神化关羽、利用关羽扩大本教影响始于隋开皇（581—600年）年间。佛教对关羽的神化，不仅在儒佛道中最先利用关羽增加了本教的影响，而且推动了关公崇拜的传播，是关公崇拜现象由区域性向全国性发展的重要因素。

荆州是一代英雄生死相系的古城，关公深深地融入在荆州的历史记忆中，荆州人与关公有着难以割舍的情节。至今荆州仍留有与关公相关的遗迹遗物，以及庙会节庆、传说故事、民间戏曲等非物质文化遗存。作为关公崇拜的起源地，荆州在关公文化形成、发展的全过程中，始终处于独特的地位，起着重要的作用。

（三）荆州三国遗迹

千百年来，在荆州这块古老的土地上，不仅广为流传着难以尽数的三国传说与轶闻，而且还遗存有大量有关的胜迹遗踪。目前荆州市内三国遗址有乌林古战场、华容古道、芦花荡、张飞一担土等 30 余处。其中荆州古城内外与关羽相关的遗迹主要有 15 处，与关羽相关的纪念性建筑主要有 4 处，它们是：荆州古城墙、关公刮骨疗毒地、洗马池（两处）、卸甲山、掷甲山、松甲山、点将台、拍马山、马跑泉、落帽台、平头冢、德胜桥、德胜街、三义街，以及关庙、关府、关羽祠、春秋阁。特别是由关羽始筑的荆州城墙，至今仍保存完整，是"中国南方不可多得的完璧"。由国家文物局牵头，推动四省六地八处遗产联合申报"关圣文化史迹"世界文化遗产①，荆州城墙作为关羽本人留下的唯一历史遗存而在列其中。以上三国文化的重要载体有力的明证，荆州与三国紧紧相连，是名副其实的三国历史文化名城，是关公文化无可争辩的中心发祥地。由此，打造三国文化品牌，展现关公文化亮点，亦是荆州传承发展荆楚文化的题中之义。

三、红色文化富集地

红色是中国共产党、中华人民共和国最鲜亮的底色。红色文化是中国共产党领导中国人民在革命、建设和改革的伟大实践中创造积累的先进文化，蕴含着指引我们党和人民增强信仰、信念、信心，战胜一切强敌、

---

① 四省六地八处"关圣文化史迹"分别是：山西运城解州关帝庙、山西运城常平关帝祖祠、湖北荆州城墙、湖北当阳关陵、河南洛阳关林、湖北当阳玉泉山显圣处、福建省东山关帝庙、河南周口关帝庙。另可参见本书第五章的相关论述。

克服一切困难、夺取一切胜利的强大精神力量。习近平总书记指出："中国式现代化是物质文明和精神文明相协调的现代化，要弘扬中华优秀传统文化，用好红色文化，发展社会主义先进文化，丰富人民精神文化生活。"①"保护好、运用好红色资源，加强革命传统和爱国主义教育，引导广大干部群众发扬优良传统、赓续红色血脉，践行社会主义核心价值观，培育时代新风新貌。"②荆州具有光荣的革命传统。在中国革命和发展建设的各个历史时期，荆州涌现出大批仁人志士和英雄豪杰，敢于担当，寻求真理，汇入中华民族爱国、救国、建国、强国的历史洪流。荆州的红色历史光辉夺目，红色故事感人至深，红色精神历久弥新。

（一）荆州红色文化的形成

早在建党时期，荆州就有一些在北京、武汉等地求学或工作的进步青年，受到李大钊、董必武、恽代英等人的教育和影响，接受马克思主义，加入中国共产党，成为荆州最早的一批共产党员和中共荆州地方组织的创建者。1925年开始，石首、新堤、江陵、监利、公安、松滋等地中共党组织相继建立，领导开展轰轰烈烈的工农运动。

龙腾荆江，浪打洪湖。1927年大革命失败以后，以贺龙、周逸群、段德昌等为代表的共产党人，通过举行秋收起义、年关暴动等一系列武装起义，创建湘鄂西革命根据地（又称湘鄂西苏区）。湘鄂西革命根据地是土地革命战争时期党领导建立的最大的根据地之一，以洪湖为中心，包括洪湖、湘鄂边、鄂西北、鄂北、巴（东）兴（山）（秭）归、荆（门）当（阳）远（安）、松（滋）枝（江）宜（都）、洞庭湖特区等八块苏区，东

① 习近平在辽宁考察时强调：在新时代东北振兴上展现更大担当和作为 奋力开创辽宁振兴发展新局面（新华社沈阳2022年8月18日电），引自中国政府网 https://www.gov.cn/xinwen/2022–08/18/content_5705929.htm.

② 习近平在湖南考察时强调：坚持改革创新求真务实 奋力谱写中国式现代化湖南篇章（新华社长沙2024年3月21日电），引自中国政府网 https://www.gov.cn/yaowen/liebiao/202403/content_6940751.htm.

抵武汉、南过洞庭、西越神农架、北至桐柏山，鼎盛时跨连湖北、湖南两省西部 60 余县、近 10 万平方千米，人口约 370 万，主力红军 3 万多人，地方武装约 20 万人。这些苏区虽未完全连成一片，但都是在湘鄂西特委或稍后成立的湘鄂西中央分局、湘鄂西省委、湘鄂西苏维埃政府的统一领导和指挥下开展革命斗争，从而形成湘鄂西苏区的整体，在中国革命史上谱写了光辉的篇章。湘鄂西苏区的革命历史、革命精神、革命传统以及红色遗存，构成荆州红色文化的主要内容和载体。

1927 年八七会议后，中共鄂中特委按照中共湖北省委的统一部署准备发动秋收起义。9 月 10 日，在沔阳戴家场（今属洪湖市）成功组织暴动，打响了洪湖地区秋收起义第一枪。1928 年初，贺龙、周逸群等受中共中央委派前往湘西北发动武装斗争。途经武汉时，中共湖北省委根据斗争需要并经中央同意，商定他们先到荆江两岸地区领导年关暴动，然后再往湘西北。1 月 21 日，贺龙一行到达监利，与在此开展游击战争的贺锦斋会合，组建工农革命军第四十九路军，发动声势浩大的荆江两岸的年关暴动，使洪湖沿岸、荆江两岸以及汉水之滨形成若干大大小小的红色割据区域，拉开了洪湖革命根据地创建的序幕。

1928 年 3 月，贺龙、周逸群按原计划前往湘西北，在贺龙的家乡湖南桑植县洪家关发动武装起义。桑植起义后不久，部队因遭强敌围攻而被打散。贺龙继续在湘鄂边坚持斗争，成立红四军，开辟以桑植、鹤峰为中心的湘鄂边苏区。周逸群在战斗中与贺龙失掉联系，转往洪湖地区领导斗争，成立红六军，建立起鄂西联县苏维埃政府，开辟洪湖苏区。1930 年夏，贺龙率红四军东下洪湖地区，7 月初与红六军会师于公安县城。7 月 7 日，两军前委在公安南平文庙举行联席会议，按照中央指示，红四军更名为红二军，红二六军合编为红二军团（1931 年 3 月改编为红三军），贺龙任总指挥，周逸群任政治委员。

1930 年 9 月 22 日，贺龙率红二军团，在十万农军的配合下，一举攻克了监利县城，使湘西鄂西连成一片。9 月 24 日，鄂西特委和红二军团在

荆风楚韵：湖北荆州传承发展荆楚文化研究

监利城召开联席会议，决定把鄂西特委扩大为湘鄂西特委，把鄂西五县联县政府扩大为湘鄂西联县政府。1931 年 3 月，中央派夏曦来到监利，成立湘鄂西中央分局。6 月 16 日，湘鄂西中央分局、湘鄂西特委在洪湖瞿家湾召开扩大会议，成立湘鄂西临时省委。12 月 11 日，湘鄂西第三次工农兵代表大会在周老嘴召开，产生了湘鄂西省苏维埃政府。1932 年 1 月 22 日，湘鄂西省党的第四次代表大会在周老嘴召开，产生了新的湘鄂西省委。湘鄂西省委和省苏维埃政府的成立，形成以周老嘴为红色首府，纵横 50 平方公里的三角红色区域。洪湖苏区已成为湘鄂西革命根据地的中心。自 1930 年冬至 1932 年春，苏区取得三次反"围剿"斗争胜利，湘鄂西革命根据地迎来全盛时期。

1932 年秋，受"左"倾错误的影响以及洪湖地区严重缺粮，红军未能粉碎国民党军队的第四次"围剿"，被迫突围转移黔东地区继续坚持斗争。

以洪湖为中心的湘鄂西革命根据地，是土地革命战争时期全国苏区中形成较早、规模较大、坚持时间较长的一块根据地。这里地位处长江、汉水之间及附近广大地域，既可以截断长江交通要道，又可以进逼武汉、长沙等重镇，战略地位十分重要。就全国形势而言，湘鄂西与鄂豫皖、湘鄂赣苏区互为掎角，起到牵制敌人和策应、配合各地区革命斗争的作用。从区内环境来看，这里河湖港汊、丘陵群山兼备，使其具有许多与其他根据地不同的典型特征，从而形成宝贵的甚至独树一帜的历史经验。1938 年毛泽东在《抗日游击战争的战略问题》中评价："依据河湖港汊发展游击战争，并建立根据地的可能性，客观上说来是较之平原地带为大……红军时代的洪湖游击战争支持了数年之久，都是河湖港汊地带能够发展游击战争并建立根据地的证据。"湘鄂西革命根据地对中国革命事业作出了重大贡献，也为党领导人民走向最后胜利奠定了坚实基础，其光辉历程、卓越功勋和伟大精神，必将永载历史卷册、长存人民心间。

抗日战争时期，荆州人民在中国共产党的领导下，前赴后继，浴血奋战。1941 年 7 月形成的江陵三湖抗日根据地，是荆州党组织和人民创建敌后抗日根据地的最早尝试。1943 年春襄南完全陷落后，荆州党组织和人民在上级党组织和新四军主力部队的帮助下，逐步创建和发展了襄南抗日根据地，江陵、监利、沔东南、石首、公安的大部或一部成为襄南抗日根据地的重要组成部分，建立起数千人的地方武装，民兵则达数万人，有力地支持了正面战场的作战，为抗战的胜利作出重大贡献。

解放战争时期，荆州是解放战争的前哨阵地。荆州军民同仇敌忾，打击和牵制了国民党的数万大军，策应了刘邓大军在大别山的斗争。1949 年 7 月 15 日，中国人民解放军四野第 49 军经过激战，解放沙市、荆州（江陵）。8 月 2 日，荆州全境解放。荆州的历史从此翻开新的一页。

（二）荆州红色资源的特征

红色资源是我们党艰辛而辉煌奋斗历程的见证，是最宝贵的精神财富。荆州遍地都是红色印记，处处见证革命历史，散发出红色魅力。荆州的红色资源具有以下基本特点：

第一，红色资源分布广泛，类型丰富，等级高。荆州是全域性革命老区，所有县（市、区）都被纳入中央宣传部、财政部、文化和旅游部、国家文物局公布的《革命文物保护利用片区分县名单》，80 多个乡镇为革命老区，占乡镇总数的 90% 以上。荆州现有革命遗址 574 个（其中湘鄂西苏区时期革命遗址 475 处），设为保护单位的 300 个，开发利用的 243 个。红色资源遍布荆州广袤大地，每个县（市、区）都有红色资源，尤其环洪湖的洪湖市和监利市等地的红色资源最为丰富，突出表明湘鄂西革命根据地以洪湖为中心的地理特性，印证我国农村包围城市的革命道路特征，充分展现了荆州是一方红色沃土。它们的类型多，包括革命旧址、战争遗址、博物馆、纪念馆、纪念园、纪念碑、烈士陵园、名人故居旧居、大型工程设施、主题公园、专题场馆、文创产业园区等 12 种类型，其中 A 级景区 4 处，分别为洪湖红色湘鄂西旅游区（4A）、北闸风景区（3A）、监利县周老嘴景区（3A）、洪湖生态旅游区（3A）。湘鄂西红色旅游系列景区（荆州市洪湖市湘鄂西革命根据地旧址群，湘鄂西苏区革命烈士陵园）和荆州市"98 抗洪"及荆江分洪工程入选全国红色旅游经典景区[①]。红色湘鄂西景区（瞿家湾湘鄂西革命根据地旧址）入选湖北省"十佳红色旅游经典景区"，"洪湖水浪打浪"入选湖北省经典红色旅游线路，洪湖、监利市已建成 3 个全国爱国主义教育示范基地。2021 年，全市红色旅游接待近1000 万人次，有力带动革命老区脱贫致富。

第二，湘鄂西革命根据地红色资源独树一帜。"洪湖水呀浪呀嘛浪打浪啊，洪湖岸边是呀嘛是家乡啊。"一曲家喻户晓的《洪湖水浪打浪》，唱响红色峥嵘岁月稠。荆州是三大红色根据地之一的湘鄂西苏区中心地带，洪湖市瞿家湾、监利县周老嘴先后是湘鄂西中央分局和省委、苏维埃政府所在地。在荆江两岸大地上遍布着贺龙、周逸群、段德昌、柳直荀等老一辈无产阶级革命家的足迹，许光达、贺炳炎、王尚荣、成钧、顿星云、黄新廷、杨秀山、贺彪等开国将军都是由此走向全国的。红四军、红六军、红二军团、红二方面军，八路军 120 师的前身都是在这里发展起来的。为有牺牲多壮志，敢教日月换新天。先后有约 50 万工农子弟参加红军，有6 万多名荆州儿女为新中国的建立献出了宝贵生命（图 3-8）。据不完全统计，湘鄂西红军团以上干部烈士就有 205 人，其中包括周逸群、段德昌、

---

① 2005 年 3 月，国家发改委、中宣部等 13 部门联合印发通知，公布了 30 条全国红色旅游精品线和 100 处全国红色旅游经典景区，其中"湘鄂西红色旅游系列景区（点）（荆州市监利县周老嘴镇湘鄂西革命根据地旧址群，洪湖市烈士陵园）"入选全国红色旅游经典景区。2011 年 4 月，国家发改委、中宣部等 14 部门联合印发通知，公布全国红色旅游经典景区第二批名录和全国红色旅游经典景区第一批名录（修订版），其中"荆州市 98 抗洪及荆江分洪工程"入选第二批名录；而在第一批名录（修订版）中，湘鄂西红色旅游系列景区被修订为"湘鄂西红色旅游系列景区（荆州市洪湖市湘鄂西革命根据地旧址群，湘鄂西革命烈士陵园）"。2016 年 12 月 19 日，国家发改委、中宣部等 14 部委联合印发通知，公布《全国红色旅游经典景区名录》（共 300 处，形成目前统一的《名录》，不再分第一批名录、第二批名录），"湘鄂西红色旅游系列景区（荆州市洪湖市湘鄂西革命根据地旧址群，湘鄂西苏区革命烈士陵园）"和"荆州市 98 抗洪及荆江分洪工程"入选。

柳直荀、贺锦斋等根据地重要领导人。湘鄂西革命根据地红色旅游资源在荆州境内数量最多、分布最广、等级最高，从沙市区鄂西特委旧址，到江陵县沙岗镇红军街，到石首市调关，再到监利市周老嘴和洪湖市瞿家湾，再从监利市新沟嘴到剅甲，以及从松滋市刘家场到公安县南平，完整体现了湘鄂西革命根据地的发源地、早期中心、革命首府、前哨阵地、战略后方、根据地之间的联系走廊等空间格局，清晰反映了湘鄂西革命根据地艰苦卓绝的曲折发展之路，充分展示了在河湖港汊地带发展游击战争的光辉典范。其中蕴含着中国共产党团结带领以洪湖为中心的湘鄂西苏区人民不怕牺牲、勇于奉献的革命精神和厚重的红色文化内涵，具有鲜明的红色基因和强烈的感染力。

图 3-8　湘鄂西苏区革命烈士陵园（位于洪湖市沿江路 8 号）

第三，治水抗洪红色资源首当其冲。荆州历史上洪水灾害频繁，在与洪水不懈斗争中，荆州形成了抗洪治水传统，谱写了抗洪治水史诗壮歌。很多红色资源沿长江及其支流分布，例如新中国第一个大型水利工程——荆江分洪工程，亚洲第一人工土坝——沼水大坝，荆江两岸的抗洪纪念碑

荆风楚韵：湖北荆州传承发展荆楚文化研究

亭①（图3-9）等，记载着荆州人民英勇抗击洪水的拼搏足迹，彰显了荆州人民不畏艰苦、勇于担当、舍小家保大家的奋斗精神。荆州因治理长江抗击洪水所形成的红色资源首创性强、唯一性强、一体化强、战略性强。

图3-9　北闸荆江分洪纪念碑（作者拍摄）

---

① 1952年7月荆江分洪工程胜利完工后，中南军政委员会、荆江分洪工程总指挥部在北闸、南闸和荆江大堤沙市堤段三处修建造型相同的荆江分洪纪念碑亭，计五碑六亭。1999年，荆州市委、市政府在观音矶万寿园内修建98抗洪纪念亭，亭中的石碑上刻有李向群等35位在1998年抗洪抢险任务中牺牲烈士的名字。洪湖市也建有"98抗洪"纪念碑。

（三）荆州红色文旅的发展

红色文化是中国共产党领导广大人民在革命、建设和改革实践中创造、凝聚的文化结晶，既体现在理想信念、价值追求、风貌品格等精神层面，也熔铸于制度机制、遗迹遗存、文化艺术等具体形态之中，为我们提供了宝贵的精神财富和丰富的教育、旅游资源。近年来，荆州高度重视红色文化的保护、传承和弘扬，深入学习贯彻习近平总书记关于革命老区振兴发展的重要指示批示精神，全面落实国务院《关于新时代支持革命老区振兴发展的意见》，取得显著成效。

一是保护革命文物严起来。2021 年 4 月 1 日，《荆州市湘鄂西苏区革命遗存保护条例》正式施行，将荆州革命遗存的保护、管理、利用纳入法治化轨道。建立由文物保护、史志研究、自然资源与规划、城市管理、教育、司法等组成的联席会议制度，并成立革命遗存保护利用专家委员会，对革命遗存的认定、保护、管理提供专业指导。将湘鄂西苏区革命遗存保护纳入全市文化旅游发展"十四五"规划，并通过积极争取，使"保护利用好湘鄂西革命根据地旧址"成功写入湖北省第十二次党代会报告。全面推行革命遗存安全保护"一处一策"工作机制，争取省文物保护专项资金 8000 万元实施革命文物本体保护修缮、安防消防、展示利用等项目。

二是利用红色资源"活"起来。荆州坚持以红色文化吸引人、以红色故事打动人、以红色力量鼓舞人、以红色精神感染人。推动红色文物上荧屏、登舞台，进网络、入课堂，做到有物可看、有事可说、有史可讲。深化红色题材作品创作，原创大型红色题材现代汉剧《红军树下》开展多场巡演活动，实景演出剧目《洪湖赤卫队》成功入选"全国红色旅游创意产品和红色旅游演艺作品创新成果"，广受好评。为唱响红色文旅品牌，实施立体营销。印制荆州市全景红色旅游地图，在《荆州日报》开设"寻访红色印迹"专栏，与新浪合作开展"打卡红色景区，传承红色文化"旅拍

荆风楚韵：湖北荆州传承发展荆楚文化研究

征集赛，开展"百名红色讲解员讲百年党史"活动，制作发布了《神奇江湖 红润荆州》主题宣传片，向全国游客发出红色旅游邀请。

三是发展红色旅游"热"起来。荆州加大投入，强化品牌创建，促进红色景区核心景观、配套设施、展陈讲解提档升级。发布"重走初心之路 重温湘鄂西革命岁月之旅""缅怀革命先烈，传承红色基因之旅""弘扬抗洪精神，绘就美丽荆江新画卷之旅""追寻先贤足迹，奋进新时代研学文化之旅""体验美丽乡村，助力乡村振兴之旅"等五大主题、十五条红色经典线路产品。加入湘鄂渝黔红色旅游协作联盟，共筑"红色旅游圈"。红色旅游成为老区发展、乡村振兴的重要引擎，成为建设荆楚文化传承创新发展示范区的重要抓手。访红色圣地、听红色故事、唱红色歌曲、穿红军服、走长征路等系列红色游产品成为荆州文旅市场新宠。

不忘初心，方得始终。牢记使命，永远奋斗。荆州将继续做实做足"红色荆州"文章，深化红色历史研究，唱响红色品牌，进一步推动红色文化、生态资源、乡村旅游相融合，努力打造红色旅游的荆州样板，使红色基因薪火相传，让红色文化激扬出文化自信的强大力量。

四、荆江文化展示地

荆州市地处江汉平原腹地，伴荆江而兴，依楚韵而立，千秋人文春耕夏耘，水通天下港盛州兴。几千年来，荆州人生长于大江大湖之间，绘就了一幅用水、治水、赏水的历史画卷，形成厚重独特的荆江文化，是绝佳的长江文化展示地。来荆州，不仅是一次长江之旅，更是一次历史的穿越。这里有你想看的古与今的交融，有你意想不到的风景与故事。

（一）九曲回肠，湖光水色

"山随平野尽，江入大荒流。"（唐·李白《渡荆门送别》）荆江有力地塑造自然生态环境，形成荆州江汉平原水乡风貌特征。

万里长江劈开三峡千山万壑后，从上游进入一马平川，中游这一段属于古荆州辖区，唐朝以后得名"荆江"。这里北邻汉江，南接洞庭湖，是古云梦泽（江汉平原上古湖泊群的总称）的区域。起初，江水扇状流淌，漫溢四野，无拘无束。在漫长的地质构造运动中，荆江北部的江汉坳陷和南部的洞庭断陷不断抬升，中部的云梦沉降区持续下沉，河流堆积的泥沙在云梦沉降区形成三角洲，荆江就是从堆积三角洲上的诸多汊流中逐渐发育出来的。

荆江上起湖北枝城洋溪，下迄湖南城陵矶，全长约 347 千米[1]。流经湖北省宜都、枝江、松滋、荆州（区）、沙市、公安、石首、监利及湖南省华容、君山等县（市、区）。其间以公安藕池口为界，分为上、下荆江。上荆江，从湖北枝城的洋溪至公安的藕池口，长约 172 千米；下荆江，从公安的藕池口至湖南的城陵矶，长约 175 千米。荆江北岸为江汉平原，南岸是洞庭湖平原（合称两湖平原）。由于两岸地势低平，导致长江水流不畅，河道摇摆不定，蜿蜒曲折，形成荆江的"九曲回肠"现象。上荆江河道横向变化较小，河道形态较为稳固，属微弯分汊型河道，岔江发育，新滩和江心洲较多，共有 16 处江心洲；下荆江则曲流发育，在只有 80 千米的直线距离内，迂回曲折绕了 16 个大弯，河道长度 240 多千米，河流的曲折系数（实际长度与直线距离之间的比）达到了 3，是中国河曲地貌最为发达的河段之一。弯曲的河流形态，减缓了江水流速，为河流泥沙淤积提供了天然场所，日积月累之下致使河床高于两岸原野，形成与黄河下游相类似的"地上河"。荆江河段还有虎渡河、松滋河、藕池河、调弦河（1958 年筑坝建闸）4 条水道与洞庭湖相连，与洞庭湖水系湘江、资水、沅江、澧水汇流后，于城陵矶汇注长江，构成错综复杂的江湖关系。

---

① 荆江原长 420 多千米。1967–1972 年，在中洲子、上车湾和沙滩子三处裁湾后，共缩短河道约 80 千米。

荆江漫流洪荒，河道分流汇聚，至最后河湖分野，江流束水归漕，历经沧桑嬗变，促进了江汉平原的形成与发展，成为一片丰饶的沃土。唐代以后，随着泥沙淤积，长江主流归漕，江汉平原的古云梦泽完全解体，最终被星罗棋布的江汉湖群所取代。荆州现有天然湖泊270多个，水库10余座，水域面积3135平方千米。著名的湖泊有洪湖（湖北省的第一大湖，水域面积355平方千米）、长湖、白鹭湖、大同湖、大沙湖、离湖、东港湖、北湖、上津湖、玉湖、崇湖、牛浪湖等。此外，市域内较大的自然景观还有水域面积37平方千米的洈水水库、天鹅洲湿地麋鹿自然保护区等生态景观。

万里长江，美在荆江。荆江及其孕育的众多河流和水系，塑造了丰富的湿地资源和水体景观，形成荆州典型的江汉平原水乡风貌，既有大江的奔放与壮阔，又有平湖的灵性与柔韧，不同于上游长江三峡的奇丽壮美，也有别于下游江南水乡的旖旎灵秀，更迥异于北方黄河的雄浑厚重。荆州7个县（市、区）中心城区依江而立，自荆州中心城区的观音矶万寿园（图3-10），至公安北闸荆江分洪工程，过江陵县铁牛矶，辗转至石首

图 3-10　荆江大堤沙市段观音矶

调关矶，再经监利市容城，达洪湖市江滩，相互呼应，共成一体，承载长江（荆江）文化。荆州古城襟江带湖，海子湖、南湖、北湖、西湖、文湖、江津湖、护城河、便河、荆沙河、荆襄河、九龙渊等水网湖泊，像一把珍珠撒在古城内外妆点映衬，城墙沿河而砌、跨湖而筑，湖城水市相互勾连，亭台楼阁凭水凌空，展现出一幅城水交融的秀美画卷。一泓清水带给我们龙舟竞渡的欢腾，一方洲滩带给我们麋鹿竞逐的喜悦，一堰碧莲带给我们"洪湖水浪打浪"的胜景。人水城景和谐共生，荆江回馈给我们的也将是更多的地理景观和特色文化。

（二）滋润荆楚，钟灵毓秀

"润万物者，莫润乎水。"（《易经·说卦传》）大江奔流而磅礴，文明沉厚而隽永。荆江照亮了长江文明之光，孕育荆楚文化。

水是人类生存和发展的永恒基础，更是孕育伟大文明的重要源泉。荆江带来丰沛的水量和肥沃的泥沙，意味着文明的孕育与繁荣有了土壤。这里是长江文明的重要起源地，5万年前先民就来到江汉平原繁衍、生息。

水稻驯化及稻作农业，是长江中下游先民为人类作出的开创性贡献，为中华民族的发展提供了重要的物质和社会基础，造就了中国典型的农耕文明形态，对世界其他文明产生了重大影响。1954年冬，在当时荆州专区京山县[①]屈家岭村附近，发现并确认了屈家岭遗址（图3-11）。屈家岭遗址是我国长江中游最早发现、最具代表性的新石器时代大型聚落遗址，是"屈家岭文化"的发现地和命名地。在遗址很多红烧土残块中发现稻谷、稻壳痕迹，共有541粒炭化稻粒和638粒水稻基盘。经鉴定属于粳稻，测年可追溯到距今约5800年，而且各时期的水稻基盘形态都具驯化型特征，表明这里的稻作农业已达到比较成熟的水平。屈家岭是长江中游史前稻作

---

① 1996年12月2日，京山县改属荆门市。2018年2月24日，京山撤县立市（县级）。

图 3-11　屈家岭遗址[1]（作者 2009 年拍摄）

遗存的首次发现地，被中外考古专家认定为长江中游农耕文明乃至中国农耕文化的发祥地之一。据不完全统计，中国距今 4000 年以前的史前稻作遗存已发现 185 处，现今荆州域内监利福田、柳关、松滋桂花树、荆州毛家山、阴湘城及公安王家岗等地均有。依靠其优越的自然条件和人民辛勤培育耕耘，荆州是世界唯一持续不断进化至今的稻作文化中心，现在仍是湖北规模最大的水稻集中产区，水稻产量位列湖北第一。富庶荆江，鱼米之乡，银鳞闪耀、舟楫扬帆，粮棉丰盈、瓜果飘香。荆州正在从"推动链式发展、注重品质提升、提升品牌效益"三个方面发力，加快打造"江汉大米"核心地，打响"江汉大米""洪湖莲藕"等龙头品牌，推动农产品

---

① 2017 年 11 月国家文物局批准立项建设屈家岭考古遗址公园，2022 年 3 月对外开放试运行，2022 年 12 月 12 日被国家文物局公布为第四批国家考古遗址公园。公园涵盖屈家岭遗址全部保护范围和部分建设控制地带，博物馆区、遗址核心区、稻作展示区已向社会开放。2023 年 12 月 26 日，屈家岭国家考古遗址公园被公布为国家 4A级旅游景区。

加工产业链更高质量发展，将荆州建设成为辐射全国的"米袋子、菜篮子、鱼篓子、果盘子"。

每一座伟大的城市，几乎都会结伴一条伟大的河流。荆江是荆州的母亲河，两岸缘水而兴，因水而强。楚人以荆州为中心，创造了灿烂的楚文化。楚文化是先秦时期中国南方长江文化的杰出代表，又是秦汉以后荆楚文化的主源，深刻地塑造了荆楚基本文化传统，浸润渗透在荆楚文化的各级层面、各个领域。物华天宝、人杰地灵。楚庄王、孙叔敖、屈原、宋玉、关羽、张居正以及"公安三袁"等，都是诞生于荆州或从荆州走向辉煌的杰出历史名人。而江河的恣肆、湖泊的秀美、风物的雅致，陶醉倾倒了李白、杜甫等历代文人墨客，吟咏挥毫，名篇佳作不胜枚举，极大地丰富了荆江历史文化宝库。

此外，在一代又一代依水而居、饭稻羹鱼的劳作生息中，勤劳睿智、善良淳朴的荆江沿岸民众创造出了丰富多彩的民间文学艺术，如端午龙舟竞赛、放河灯等水上祭祀活动，采莲船、蚌壳精、五虾闹鲇、舞龙灯等民俗歌舞表演，"栽秧歌""车水歌""硪歌""荆江号子""渔歌"等民歌民谣，以及楚式漆器髹饰、铅锡刻镂、汉绣等精湛奇巧的传统手工技艺，形成极富江汉荆楚特色的民间习俗。这些凝聚着深厚荆楚文化基因的非物质文化遗产，经历代代相传和发展，为我们构建了独具特色的精神家园和不可多得的文化资源。

（三）平波安澜，泽惠后世

"为政之要，其枢在水。"[①]一部荆江地区的发展史，就是一部治水患、兴水利的奋斗史。勤劳智慧的荆州人民驯服荆江洪水，不仅沉积了丰厚的物质财富，而且留下了宝贵的精神财富。

江河既有灌溉之利、舟楫之用，又往往是极大的安全隐患。"万里长

① 源自《管子·水地》。原文是："是以圣人之治于世也，不人告也，不户说也，其枢在水。"

江，险在荆江。""九曲回肠"的水文特点，决定了荆江是长江最为险要的江段。每到汛期，洪水宣泄不畅，加之北岸堤防建在冲积平原上，砂和卵石为基础，地面黏土覆盖层薄，抗水流冲击能力弱，极易堤防溃决。民谚对此道："不惧荆州干戈起，只怕荆堤一梦终。"据史料记载，公元前903年至1949年，荆江共发生水灾633次，平均4-5年一次。荆州堤防从公元1499至1949年，450年中先后溃口成灾186次，平均约2.5年一次。近代史上，荆江洪水泛滥尤以1788年、1860年、1870年、1931年、1935年最为惨烈。对于清乾隆五十三年（1788年）的大洪灾，荆州知府倪文蔚编纂的《荆州万城堤志》中记载："堤自万城至御路口决口二十二处，官廨民房倾圮殆尽，仓库积贮漂流一空，水渍丈余，两月方退，兵民淹毙万余……下乡一带，田庐尽被淹没，诚千古奇灾也。"新任湖广总督毕沅作诗哀叹："饥鼠伏仓餐腐粟，乱鱼吹浪逐浮尸。神灯示现天开网，息壤难湮地绝维。那料存亡关片刻，万家骨肉痛流离。"其状之惨，史所罕见。乾隆皇帝曾经一度考虑避水之祸而新建荆州城，终因耗费太高才放弃。

受水滋养，治水而盛。治水兴水事关一方百姓生命和福祉，历来是荆州的第一要务、繁荣发展的命脉所系。而守护荆州大地的安澜，最直接、最有效的方式，就是修筑坚固的堤防。荆江大堤的修筑史，是一部荆江人民治水的恢宏历史活剧，演绎上千年，可被概括为：始于东晋，拓于两宋，成于明，加固于新中国。

早在春秋战国时期，荆江尚未形成明显河床形态时，楚国主要依靠零星分散堤垸挡水御洪。待荆江河床形成后，由水位抬高，低矮堤垸已不能抵御洪水，自西汉时期起便开始修筑堤防。到魏晋时期，长江的江水紧逼江陵城南（今荆州古城），直接威胁江陵城的安全。东晋永和（345—356年）年间，荆州刺史桓温驻兵江陵，命陈遵在荆江北岸绕江陵城修筑护城堤坝，取名金堤。据《水经注》记载："江陵地东南倾，故缘以金堤，自灵溪始。桓温令陈遵监造。"这是关于修筑荆江大堤的最早记载。五代时，后梁将军倪可福在东晋金堤的下游，荆州古城的西门外又修筑了江陵寸金堤。两宋时期在江陵新筑黄潭堤和沙市长堤，增修寸金堤，荆江大堤已初具雏形。明朝嘉靖二十一年（1542 年）北岸最后一个分流口——郝穴堵塞，大堤联成一线，上起堆金台下至拖茅埠，全长 124 千米，名万城大堤，又名万安大堤。1918 年因堤居荆江北岸，改称荆江大堤，沿用至今。从东晋到民国，按荆江大堤留存堤身的段面计算，整个工程共完成土方 2900 万立方米，石方 23 万立方米，这些土和石头全部是由人工搬运垒筑完成。荆江大堤的修筑时间之长，耗费的人力、物力、财力之多，在中国水利史上也是少有的。

荆江安澜，且看今朝。新中国成立后，百废待兴，党和国家就筹划根治荆江水患的宏伟蓝图，决策修建荆江分洪工程。毛泽东主席专门题词："为广大人民的利益，争取荆江分洪工程的胜利！"周恩来总理题词："要使江湖都对人民有利。"整个工程分为两个部分：一是增修和加固北岸的荆江大堤，1951 年上段增筑 8.35 千米至荆州区枣林岗，1954 年下段延至监利县城南拖茅埠以下 50 千米。自此，全长 182.35 千米的荆江大堤修建完成。二是 1952 年在荆江南岸公安县太平口与藕池口之间修建一个为减轻荆江主流流量的分洪调蓄库。当时调集军民 30 余万人日夜奋战，仅用 75 天就修建完成新中国第一个大型水利设施——荆江分洪工程第一期工程。包括右岸沙市对面上游 15 千米处的虎渡河太平口进洪闸（北闸）[1]、黄山头东蘸节制闸（南闸）和分洪区南线大堤等主体工程，可蓄纳荆江过量洪水 54 亿立方米。1953 年第二期工程完建。荆江分洪工程的建成，有效缓解了荆江河道的安全泄洪能力与长江上游巨大洪峰来量不相适应的矛盾，成为整个长江防洪体系中的重要工程，历经考验。1954 年，长江流域遭受近百年罕见的特大洪水，先后三次开闸分洪，及时调蓄，

荆风楚韵：湖北荆州传承发展荆楚文化研究

---

① 北闸于 2006 年被列入为国家级重点文物保护单位，2023 年 1 月入选水利部公布的《红色基因水利风景区名录》，目前还是具有长江治水强烈震撼和江南水乡特色文化的国家 3A 级旅游风景区。

取得了确保荆江大堤与武汉三镇、江汉平原以及洞庭湖区防汛安全的重大胜利。

1998年长江大洪水，是1954年以来最为严重的全流域大洪水。其来势之猛，洪峰之多，水位之高，流量之大，持续时间之长，均为历史罕见。8月17日上午，荆江沙市观音矶的最高洪水位达45.22米（超设计水位0.22米）。而江汉平原的一般地面高程约为32米，最低处大约20米。那时站在荆州的楼房上眺望江面的船舶，就仿佛从屋顶上驶过一般。在历时2个多月的抗洪大决战中，荆江两岸600多万民众，5万多解放军和武警官兵，在党中央的领导下，严防死守，先后八战八胜大洪峰，夺取了抗洪斗争的最终胜利，写下人类抗洪史上蔚为壮观的新篇章。"98抗洪"中体现出的"万众一心、众志成城，不怕困难、顽强拼搏，坚忍不拔、敢于胜利"的抗洪精神，是第一批纳入中国共产党人精神谱系的伟大精神，它主要是针对荆州特定情势总结出来的，在荆州人民身上体现得最为充分，也是荆江文化里最有核心价值的部分，永远激励人们战胜一切艰难险阻。

1998年长江大洪水后，党中央、国务院加大防洪工程建设力度，开展了大规模堤防加固建设。结合三峡工程建成收益，长江荆江河段防洪标准由过去不到二十年一遇提高到百年一遇，荆江分洪区启用的概率越来越小。今天的荆江大堤，已成为荆州人民战胜洪水的巍巍丰碑和一道亮丽的人文风景线。

亘古长江源远流长，与荆州相伴相生，兴衰与共，弦歌不绝。需要指出，在地理概念上，荆江和长江荆州段并不是完全一致的河段，而且荆江跨省、跨地市，但流经荆州的荆江是整条荆江也是长江荆州段中最知名的关键河段，加之历史渊源，人们观念中往往将荆江与荆州首先关联在一起。故从文化的角度着眼，作者认为，以荆州的荆江文化来泛指荆州段的长江文化，统称为"荆江文化"，更能突出鲜明的地域、流域特征。而荆江文化与荆州文化（包括荆州的荆楚文化）的关系，类似于长江文化与湖北文化、荆楚文化的关系，主要由于划分的标准和角度不同，导致各自具体内涵多有重合联通又有所区别。因此，站在大文旅、大发展的高度，准确把握荆江文化的地域特点和文化禀赋，精准定位文化发展方向，把荆楚文化传承发展与长江大保护、流域综合治理、长江国家文化公园荆州段建设等国家和地方战略有机结合起来，河湖写华章，处处皆风景，自然生态和人文历史交相辉映，让千年古城焕发新活力、展现新气象，无疑功在当代，利在千秋。

第二节　荆州文旅资源

荆州以历史悠久和文化底蕴深厚闻名于世，为我们留下了许多宝贵的历史文化遗产和众多的人文景观，已成为人类共有的文化精神财富，也使荆州成为海内外人们向往的旅游胜地。对于荆州的主要文旅资源概况，本节进行简要地归纳总结如下。

一、物质文化辉煌璀璨

荆州历史悠久，文化灿烂，遗产荟萃。据文物普查数据显示，全市以古城址、古墓葬、古建筑为重点的不可移动文物 4081 处，其中国家历史文化名城 1 座（荆州），国家历史文化名镇 3 座（监利的周老嘴、程集和洪湖瞿家湾），全国重点文物保护单位 15 处，省级文物保护单位 61 处。以楚纪南故城遗址为核心的大遗址荆州片区（荆州纪南生态文化旅游区）是继西安、洛阳之后第三个国家大遗址片区，是我国当前唯一以保护、展示、利用、传承楚文化为主要特色的城市功能区，成功创建国家级夜间文化和旅游消费集聚区，2019 年入选"践行联合国 2030 可持续发展最佳实践"典范案例。熊家冢入选湖北省首家国家考古遗址公园，荆州城墙已列入中国世界文化遗产预备名单。

荆州出土文物资源总量位居全国第一方阵。出土丝织品涵括先秦时期全部种类，代表了楚式丝织刺绣艺术的最高水平。系列青铜器具有重要历史、艺术、科学价值，越王勾践剑、吴王夫差矛、吴王阖闾戟等是长江流域文化交流的重要物证。馆藏木漆器最负盛名，战国简牍约占全国重要发现的80%。荆州楚玉独树一帜，组玉佩和玉龙佩、龙凤佩等最具楚文化特征。

全市现有博物馆、纪念馆14家，馆藏文物逾21万件（套），馆舍面积近17万平方米，年均接待观众200万人次以上。荆州博物馆（图3-12）被评为全国地县级十佳博物馆、首批国家一级博物馆。成立于2003年的荆州文物保护中心，是国家文物局重点扶持的文物保护"区域技术中心"，是"出土木漆器保护国家文物局重点科研基地"依托单位之一，为27个省市130余家文博单位提供关键技术支撑。据统计，全国80%左右的饱水简牍、70%的饱水木漆器都在该中心修复，已实施可移动文物保护项目200余项，累计修复漆木器10000余件、竹木简牍18万余枚、1100余件纺织品（图3-13）。

图 3-12　荆州博物馆

图 3-13　荆州文物保护中心技术人员修复古代丝织品（作者拍摄）

表 3-1　荆州全国重点文物保护单位名录

批次	县市区	单位名称	时代
第一批	纪南文旅区	楚纪南故城	东周
第三批	荆州区	八岭山古墓群	东周至明
	监利市 洪湖市	湘鄂西革命根据地旧址 （瞿家湾、周老嘴）	1930-1932 年
第四批	纪南文旅区	鸡公山遗址	旧石器时代
	荆州区	荆州城墙	明、清
第五批	荆州区	阴湘城遗址	新石器时代
	石首市	走马岭遗址	新石器时代
第六批	公安县	鸡鸣城遗址	新石器时代
	荆州区	荆州三观	明至清
	沙市区	荆州万寿宝塔	明
	公安县	荆江分洪闸	1953 年
	纪南文旅区	雨台山墓群（归入第一批楚纪南故城）	周

批次	县市区	单位名称	时代
第六批	沙市区	天星观墓群（归入第一批楚纪南故城）	周至汉
第七批	松滋市	桂花树遗址	新石器时代
	荆州区	马山墓群	东周
	纪南文旅区	郢城遗址	秦、汉
	江陵县	湘鄂西革命根据地早期旧址（归入第三批湘鄂西革命根据地旧址）	1927—1932 年
第八批	江陵县	青山遗址	东周

二、非物质文化特色鲜明

千百年来，荆州民众在长期的生产、生活实践中，凭借着丰厚的文化底蕴，创作了丰富多彩的民间文化艺术，创造了巧夺天工的手工技艺，形成了独具特色的民间习俗。截至 2024 年，全市拥有非遗代表性项目 148 项，其中国家级 11 项，省级 34 项，市级 103 项；非遗代表性传承人 132 名，其中国家级 4 人[①]、省级 37 人，市级 91 人。源于春秋战国时期楚国的髹漆、木雕、丝织、刺绣、青铜器制造等工艺水平精湛，流传至今，已成为荆州非遗重要的代表性项目。

目前，荆州有国家级传统工艺工作站 1 个；国家级非遗生产性保护示范基地 1 个（楚式髹饰漆艺）、省级非遗生产性保护示范基地 2 个；在高校及科研单位建立非遗研究中心 1 个；省级非遗特色村镇（街区）1 个。其中，荆州市荆楚非遗传承院是国家文化和旅游部支持设立的唯一以漆艺为主题的国家传统工艺工作站，清华大学等 12 所高校为建站单位，涵

---

① 另据 2025 年 3 月 12 日文化和旅游部公布的第六批国家级非物质文化遗产代表性传承人名单，荆州市有 2 人入选。

盖楚式漆艺、斫琴、淡水贝雕等18项国家级非遗项目，每年吸引近5000名学生修习非遗传统手工技艺，文创类漆艺产品年销售额近6000万元（图3-14）。

图3-14　荆楚非遗传承院的手工艺人制作仿古漆器（作者拍摄）

表3-2　荆州国家级非物质文化遗产名录

批次	县市区	项目名称	类别
第一批	荆州市	鼓盆歌	传统曲艺
第二批	松滋市、公安县	说鼓子	传统曲艺
	监利市	监利秧田歌（啰啰咚）	民间音乐
	荆州区	马山民歌	民间音乐
	荆州市	荆河戏	传统戏剧
第三批	荆州市	楚式漆器髹饰技艺	传统技艺

批次	县市区	项目名称	类别
	荆州市	铅锡刻镂技艺	传统技艺
第四批	石首市	跳三鼓	传统舞蹈
	荆州市	三国传说	民间文学
第五批	荆州市	简牍制作技艺（楚简制作技艺）	传统技艺
	荆州市	灯舞（五虾闹鲇）	传统舞蹈

三、旅游资源丰富多彩

荆州 2000 年被授予中国优秀旅游城市称号，现有国家 4A 级旅游景区 8 个，3A 级旅游景区 17 个，国家休闲农业与乡村旅游示范县 1 个，国家级夜间文化和旅游消费集聚区 1 处，全国特色景观旅游名镇名村 2 个，全国乡村旅游重点村 4 家，全国红色经典旅游景区 2 处，五星级酒店 4 家，旅行社 3A 级以上 10 家。

表 3-3　荆州国家级旅游品牌资源

序号	国家级旅游品牌	荆州国家级旅游资源
1	中国优秀旅游城市 1 个	荆州市
2	国家 4A 级旅游景区 8 个	荆州博物馆、荆州古城历史文化旅游区、洪湖悦兮半岛旅游区、荆州楚王车马阵景区、松滋洈水旅游区、洪湖红色湘鄂西旅游区、荆州海洋世界、荆州园博园
3	国家休闲农业与乡村旅游示范县 1 个	洪湖市
4	全国特色景观旅游名镇 2 个	洪湖市瞿家湾镇、荆州区川店镇张场村
5	全国乡村旅游重点村 4 家	石首市桃花山镇李花山村、石首市过脉岭村、洪湖市老湾乡珂里村、松滋市洈水镇樟木溪村

序号	国家级旅游品牌	荆州国家级旅游资源
6	全国红色旅游经典景区 2 处	湘鄂西红色旅游系列景区（荆州市洪湖市湘鄂西革命根据地旧址群，湘鄂西苏区革命烈士陵园）、荆州市 98 抗洪及荆江分洪工程
7	国家级夜间文化和旅游消费集聚区 1 处	纪南文化和旅游集聚区
8	五星级酒店 4 家	荆州晶崴国际大酒店、荆州万达嘉华酒店、荆州绿地铂骊大酒店、荆州南国温德姆大酒店

第三节　荆州文化揽胜

结合全书的有关论述，挂一漏万，选择介绍荆州若干重要历史文化遗存和文化资源，也是相互之间必要的补充或印证。他处已有详细说明的，本节不再赘述。

一、古遗址

（一）鸡公山遗址

位于荆州古城小北门外 4 千米处的郢北村，实为一个小土丘，其高不足 6 米，面积约 3000 平方米。1992 年 10 月配合宜黄高速公路建设，由荆州博物馆和北京大学考古系联合发掘。遗址分上下两个文化层，依据底层堆积和石器性质的分析判断，上文化层年代距今约 1–2 万年，下文化层年代距今约 4–5 万年。鸡公山遗址地层关系明确，文化遗物丰富，遗迹关系清楚，特别是原始人类的居住遗迹、石器制作场等的揭露，是中国最早发现的旧石器时代的远古人类在平原地区的活动遗迹，填补了中国旧石器时代晚期平原地区原始居住遗址的空白，为研究长江中游地区旧石器文化区系类型的特点以及与中国南、北方旧石器文化的关系提供了宝贵的资料，堪称中国旧石器时代文化考古的重大突破。1992年，鸡公山遗址的发现和发掘名列"中国十大考古发现"评选榜首。1996年12月19日，鸡公山遗址被列入第四批全国重点文物保护单位。

（二）楚纪南故城

位于荆州市荆州区纪南镇南，南距荆州古城约5千米，因其在纪山之南，故名纪南城。《史记》记载，楚文王熊赀元年（公元前689年）从丹阳迁都到郢（即今天的荆州楚纪南故城），到顷襄王二十一年（公元前278年）秦将白起拔郢，历经411年，20代楚君。城遗址东西长4.5千米，南北宽3.5千米，面积约16平方千米，城墙周长15.5千米（图3–15）。

图 3–15　楚纪南故城遗址布局示意图①

---

① 邓玉婷，肖国增. 楚都纪南城布局与规划理念的探究 [J]. 城乡建设，2021（18）：56.

楚纪南故城曾是楚国的政治、经济、文化中心，也是当时南方的一大都会，为先秦时期都城中最典型的都城遗址，规模巨大，格局完整，遗存丰富，是楚文化和江汉地区作为文明起源和发展中心地区的重要物证，在中国城市建设史上占有重要地位。其遗迹遗存有以下几个特点：第一，数量多。城内遍布古井、窑址等遗迹，筒瓦、板瓦等建筑材料以及东周的文化遗物，俯拾皆是，仅城内的古井就有400多口。城外的楚墓，已发现较大型的有封土的墓约1500座，无封土的墓地40多处，仅在雨台山1050×80米的范围内就发现楚墓700余座。第二，种类全。有古井、窑址、城垣、城门、水门、码头、护城河、古河道、建筑基址等遗迹，仅古井按井圈的材质就有土井、陶圈井、竹圈井、木圈井和瓦圈井等种类。出土的文物有鬲、盂、甑、豆、盆、瓮、罐等生活用具，铜斧、铜刻刀、木器等生产工具，也有筒瓦、瓦当、板瓦等建筑材料。城南郊红光村还发现了25具保存完好的石磬。第三，保存好。由于南方的土质与气候条件较好，楚纪南故城的历史遗存一般比北方历史遗迹保存得要好。楚纪南故城是迄今为止已发现的我国南方保存最好的一座古城，有的地段现在还存有高达6.7米的城墙遗迹。

1961年楚纪南故城列入第一批全国重点文物保护单位。城址周边保存有大量同时期的高等级墓葬群，其中八岭山古墓群为第三批全国重点文物保护单位（1988年），纪山楚墓群为第四批全国重点文物保护单位（1996年），2006年雨台山墓群和天星观墓群在第六批全国重点文物保护单位中被归入"楚纪南故城遗址"，以及湖北省文物保护单位马山古墓群。上述遗址是楚文化的重要实物遗存，对楚文化历史研究具有很高的价值。2005年，楚纪南故城遗址被列入国家第一批大遗址名单，成为我国最重要的36处大遗址之一。2010年，国家文物局和湖北省人民政府签署《共建大遗址保护荆州片区框架协议书》，将荆州片区大遗址保护项目（含楚纪南故城遗址，八岭山、熊家冢、雨台山、天星观、马山、纪山、青山等古墓群和龙湾遗址）作为重点纳入《国家文物事业"十二五"发展规划》和《湖北省经济和社会发展"十二五"规划纲要》，成为"十二五"全国大遗址保护六大片区之一，并获第一批国家考古遗址公园立项。2016 年，国家文物局将楚纪南故城、荆州片区列入《大遗址保护"十三五"规划》。2021 年 10 月 12 日，入选国家文物局《大遗址保护利用"十四五"专项规划》"十四五"时期大遗址名单。

（三）郢城遗址

位于荆州市纪南文旅区，北距楚纪南故城 3 千米，南距荆州古城 2 千米。公元前 278 年，秦将白起拔郢（纪南城），火烧郢都，在故址的东南 4 千米处修城置郡县，是为郢城，为秦时南郡郡治所在地。西汉时置郡县，王莽新朝后城废。城址近似正方形，周长 5.5 千米，面积约 200 公顷。现存城垣、城门、护城河、道路遗迹及部分建筑基址。城内有一条南北走向的人工水系穿城而过。周边还存有大量秦汉时期墓葬。

郢城遗址是我国长江中游一处重要的秦、汉遗址，城内较好地保存了城垣、道路、夯土台基、城市水系等遗迹，城外密集分布了秦汉时期的文物遗迹，是我国秦汉时期城市体系的重要组成部分，为研究秦汉时期长江中游江陵地区城市建设、政治、经济等各方面文化面貌提供了重要依据，与楚纪南故城、荆州古城形成江陵地区完整的城市发展序列，共同见证了该地区历史时期的政权更迭与人类活动变迁。2013 年被列入第七批全国重点文物保护单位。

二、古墓葬

（一）熊家冢楚墓

位于荆州区川店镇张场村，距荆州古城西北 35 千米，由主冢、陪冢、殉葬墓、车马坑、祭祀坑与附属建筑组成，占地面积达 15 万平方米，是国家级大遗址保护荆州片区的重要组成部分。经国家文物局批准，2006

年至 2009 年，对部分车马坑和殉葬墓进行了抢救性考古发掘，出土珍贵文物 3000 余件套，并同步对考古现场和遗址本体进行科学保护。主冢暂未发掘，据勘测，是一座有斜坡墓道的"甲"字形木椁墓，长宽均达 67 米，坑深 15 米以上，墓椁室达到 400 多平方米，是目前所知规模最大楚墓，专家们确认墓主是一位楚王①。主冢南侧有殉葬墓 92 座，分四行排列，气势恢宏；祔冢北侧有殉葬墓 12 排 46 座。在主墓的西边和南边，有规律地分布着近百个方形或圆形的祭祀坑和大量的地面建筑遗迹。最引人注目的是，主冢和祔冢西侧还发掘出大车马坑 1 座和小车马坑 39 座，形成一个完整的出行车阵，如此大规模的车马阵在目前所知的考古遗迹中尚属首见，足以显示出当时楚国实力的强大。大车马坑即 1 号车马坑（图 3-16），为长方形竖穴土坑，坑壁斜直，坑口南北长 132.6 米，东西宽约 12 米，为目前春秋、战国考古中发现的最大车马坑，已发掘三分之二，出土 43 乘车、164 匹马，车辆可分为礼仪车、战车、辎重车、配件备用车 4 种，其中属于"天子驾六"级别的马车有 3 乘。这既反映了熊家冢墓主人身份的高贵，又印证了文献记载的楚国僭越周礼。

图 3-16　熊家冢楚王车马阵

① 熊家冢墓主的具体身份目前尚难确定，学术界有楚昭王、楚惠王、楚悼王等多种推测。

熊家冢楚墓是现已发现的保存最好、规模最大、布局最为完整、遗迹最丰富的周代楚王陵陵园，以规模宏大的主冢、阵容豪华的车马坑闻名于世，被誉为是"中国仅有，天下第一"的楚王陵典范。2012年10月1日，以熊家冢楚墓为基础兴建的熊家冢遗址博物馆对外开放营运。2013年12月，熊家冢考古遗址公园获批成为湖北省首家国家考古遗址公园。遗址公园（楚王车马阵景区）占地面积731亩，现有车马阵展示区，主、祔冢复原展示区、殉葬坑展示区、园林及生态农业等景区，入选2014年中国最具价值文化（遗产）旅游目的地景区，2016年被评定为国家4A级旅游景区。

（二）八岭山古墓群

荆州古城西北8千米的地方，有一座南北走向的小山脉，由八道山岭组成，山势蜿蜒，犹如一条飞龙，在春秋战国时期被称为"龙山"，明朝时改称八岭山。这里地处荆州城、纪南城、万城三大古城之间，南北长8千米，东西宽5千米，方圆40余平方千米，山峰平缓，风景秀丽，海拔最高点为101米，最低点仅有42米，被古人视为风水宝地，古墓密集。现已探明，有巨大封土堆的大型墓葬就有785座，没有封土的古墓不计其数，时间跨度从春秋战国到明清时期，前后长达2000年之久，其中以楚墓居多。比较有名的有冯家大冢、周家大冢、平头冢、火烧冢、蓑衣冢、系马冢、换帽冢等。其中平头冢位于八岭山中部，封土高17米，周长260米，顶部是一块平地，传说是被关羽一刀削平的而得名；其北有一陪冢，封土高7米，周长约70米，两冢相距10余米。

1988年，八岭山古墓群被列入第三批国家重点文物保护单位。目前发现18位楚王、3位五代南平国王，以及明代11位辽王的墓葬。发掘清理后的明辽简王墓，已建成为旅游景点。八岭山古墓群对研究中国多民族统一国家的形成和发展，尤其是楚文化，具有很高的科学研究价值，在中国南方所有的古墓葬群中首屈一指。

四、古建筑

（一）荆州古城墙

据《后汉书·地理志》记载，荆州古城墙的修造史，可以追溯到 2800 多年前的周厉王时期。经最新古城垣考古发掘实物科学验证：荆州古城墙是中国延续时代最长（1800 余年）、跨越朝代最多（15 个）、由土城发展演变为砖墙为主、土垣为辅的古城墙。从三国时代起，荆州古城墙没有发生过大的变迁，移位距离仅在 50 米左右范围内。现在耸立在人们眼前的雄伟城墙（图 3-17），为清朝顺治三年依托明代城墙重建，采用糯米石灰浆灌缝、砖城墙和土城墙互相依托而成。整个荆州古城呈不规则椭圆形，东西长 3.75 千米，南北宽 1.2 千米，总面积 4.5 平方千米。城墙周长 11.28 千米，城墙平均高 8.83 米，城垛 4567 个，炮台 26 座，藏兵洞 5 座，古城分为三层，外面是水城，中间是砖城，里面是土城。水城（护城河）全长约 13000 米，宽 30-250 米，平均水深 4 米，西通太湖，东连长湖，与古运河相连。明代建城时为防止城基下陷，洪水泛城，城墙整体为条石垒

图 3-17　荆州古城墙

砌基脚，青砖砌筑墙体，采用糯米石灰浆灌缝，因而城墙特别坚固。城墙设有瓮城、敌楼、战屋、炮台、藏兵洞、复城门，防御体系完备，易守难攻，素有"铁打荆州"之说。

荆州古城墙原有城门6座，分别是东门，又称寅宾门，旧名镇流门，城门楼为宾阳楼；小东门，又称公安门，旧名楚望门，城门楼为望江楼；南门，又称南纪门，城门楼为曲江楼；西门，又称安澜门，旧名龙山门，城门楼为九阳楼；大北门，又称拱极门，也叫漕门，旧名柳门，城门楼为朝宗楼；小北门，又称远安门，旧名维城门、拱城门，城门楼为景龙楼。每座城门都是巨砖砌成拱形门，有前后两道门，上有城楼、箭楼之分，两门之间是瓮城，相互连成一体，宽阔高大，气势壮观。为了缓解城内外交通压力，20世纪70年代至90年代，报经国家批准，先后新开新东门、新南门、新北门3座城门，新城门均无瓮城。现在除了小东门（公安门）外，其余8座城门都有车路跨越护城河，穿过内环道与仿古式外环道，通向四面八方。

荆州古城墙上的6座古城楼，5座毁于战乱，现仅存大北门上的朝宗楼。朝宗楼重建于清道光十八年，门楼通高约11米，共两层，采用穿斗式和抬梁式两种结构，重檐歇山顶，地面全部以城砖铺墁。在一层楼间设单跑楼梯，上檐四周全部用格槛窗装修，供人们登楼远眺。楼下的大北门是通往中原和京城的古驿道出口，过去人们在这里送行，折柳话别，故名柳门。宋代苏东坡《荆州十首》诗"柳门京国道，驱马及春阳"即咏此。朝宗楼与护城河、城外古街得胜街三者相映，富有诗情画意。《小花》《路漫漫》等影视片在此拍摄过外景。

东门曾是迎接来使和宾客的城门，故又称寅宾门，门楼壮观，瓮城也最大。抗日战争时期，宾阳楼被日本侵略军炸毁。1986年8月动工重建，仿明代建筑风格，楼高12.9米，上下两层。现在以宾阳楼、古城墙为中心，与城外的九龙桥、矗立"金凤腾飞"城标的金凤广场和城内的张居正仿古街等组成的东门风景区，气势恢宏，显得更加雄伟壮观。

城墙上现在还有仲宣楼、雄楚楼、明月楼、曲江楼、三管笔等著名古建筑遗址和松甲山，卸甲山、掷甲山等遗迹。

荆州古城墙并非冰冷的遗迹而是活着的历史。如今，随着特大型环城公园的兴建，使荆州古城墙形成一道独特的游览风景线：城墙上漫步，内环道上驱车，外环道跑马，护城河上荡舟。古老的荆州城正焕发出新的青春和更加迷人的异彩。

（二）荆州三观

荆州有三座著名的道观，即开元观、玄妙观和太晖观，合称荆州三观。荆州三观是我国保存不多的明清建筑艺术的奇葩，2006年被列入第六批全国重点文物保护单位。

开元观位于荆州古城荆西路，始建于唐开元年间，故名。南宋绍兴五年迁移至现址重建。其现存建筑为明清两代重建，共有三重殿，前为雷祖殿、中为三清殿、后为祖师殿（图3-18）。后殿建于高台之上，前有天门，

图3-18 开元观祖师殿（作者拍摄）

门楼精巧，顶檐两端装饰有蟠龙一对。祖师殿飞阁数重且雕饰有龙头，象征降龙伏虎的两把宝剑，分别刺入两个龙头。殿内正中上方绘有五色龙凤，形态栩栩如生。观内现存有明清碑刻、铜钟等文物。雷祖殿旁陈列的特大型马槽和大铁锅传说为关羽和曹操所用。1958 年，以开元观旧址为基础，辟建了荆州博物馆。博物馆完好地保存了开元观的古建筑和文物。

玄妙观位于荆州古城荆北路，小北门内西侧，北靠城墙。同样始建于唐开元年间。玄妙观名称历史上曾多次变更。1009 年，宋真宗下诏更名天庆观，1297 年，元成宗复改为玄妙观，1339 年，元顺帝赐题九老仙都宫，到了清代为避清圣祖康熙皇帝玄烨之讳，又改名为元妙观。古观原由山门和六座殿阁组成。六殿阁分别名为四圣殿、三清殿、玉皇阁、玄武阁、圣母殿和梓潼殿。前四殿依次成直线排列。四殿中最后一殿玄武阁置于高台，台东为圣母殿，台西为梓潼殿（供梓潼帝君）。后来剩下三重建筑，前为玉皇阁，中为三天门，后为置于崇台之上的玄武阁（又名紫皇宝殿），均为明万历十二年重建。玉皇阁重建时做了扩建，面阔三间，进深三间，略呈正方形，有三重飞檐，每层檐下施有玲珑美观的斗拱。三重檐由大而小，状似三层塔形。屋顶为钻尖式，托一带尖顶的青铜莲花座，直刺云天，犹如盛开于天际的金莲。钻尖顶上题有"大明万历庚辰吉旦"数字。屋面盖黄、绿二色琉璃瓦，金光闪闪，与后面高耸于崇台上的玄武阁相互辉映，十分壮美。玉皇阁前，竖有一块高大的石碑，为元顺帝至正三年所立，名为"九老仙都宫记"碑。根据碑文叙述，元顺帝当时封观内主持道人唐洞云（道号元静真人）为八仙之后第九仙，玄妙观因而改名"九老仙都宫"。碑文为元代著名的洞庭学士欧阳元撰写，元代大书法家危素手书。字体为楷书，阴文，字迹清晰，笔力遒劲，是一件珍贵文物。

太晖观位于荆州古城西门外太晖山上，距荆州市 3 千米。原来就是明湘献王朱柏所营建的王宫，于洪武二十六年开始兴建，有"遍数琳宫，独此雄甲荆楚"的美誉。太晖观坐北朝南，殿宇壮伟，楼阁玲珑，金碧辉煌。前为山门，两旁建有钟鼓楼，进而为前后排列的四大天王庙、玉皇亭、观音殿。观音殿两侧有东西两大宫。东大宫后有娘娘殿、圣母殿；西大宫后有王母殿。经观音殿入朝圣门，进祖师顶。现存建筑有朝圣门、祖师殿，建在条石砌成的高台上，台高八点二米，正面和两侧共有石梯三道。登朝圣门，得爬三十二级石阶梯。阶梯两旁有青石栏杆，栏板上雕刻着各种人物故事图案，妙趣横生。祖师顶四周，设有两米多高的围墙，围墙上镶嵌大小五百灵官，千姿百态。大殿原盖铜瓦，金光闪耀，有"小金顶"之称。殿堂廊宇四周，竖有十二根青石廊柱，其中正面四根与背面二根透雕蟠龙，龙头伸出柱面，鳞甲片片，状若正在蟠游。殿内雕梁画栋，彩绘满布，触目生辉。

（三）关帝庙

位于荆州古城老南门内。相传原为三国时期关羽镇守荆州时的府邸故基，后由其后裔世袭守护。荆州关帝庙与山西解州关帝庙、湖北当阳关陵、河南洛阳关林并列为中国四大关公纪念圣地。

关帝庙始建于明洪武二十九年，明万历年间重建，清顺治七年、雍正十年两次重修并扩建，庙宇森严、规模宏伟。据清代《荆州府志》记载，当时关帝庙建筑规模宏大，雄伟壮观，建有头门、牌楼、二门、仪门、正殿、三义殿、御书楼、崇圣祠，东西两边分别有东廊、三元阁、真武阁、钟楼、鼓楼等。总占地面积约五十余亩，并置有良田、湖田共计四百余亩。遗憾的是，日军侵华期间，殿宇毁失殆尽。

1987 年，在原关庙遗址上，按清乾隆县志载古关庙建筑布局图样，复建了荆州关帝庙。整个庙宇仿原关庙风格，殿宇分仪门、正殿、结义楼、陈列馆等。所有建筑，一律灰瓦红墙、雕梁画栋、飞檐翘角，气势恢宏，独具魅力。

步入仪门，上方高悬清乾隆御匾"泽安南纪"；大殿正门上方，有清同治皇帝御赐匾额"威震华夏"；殿内挂着清雍正御赐的"乾坤正气"匾额。大殿内关羽塑像高丈余，身披重铠，长髯飘飘、威风凛凛；关公两侧关平、周仓，亦显粗犷矫健、彪悍勇猛。大殿两旁内壁上，有关羽"镇守荆州""迎亲救主""义释曹操""单刀赴会""驰援当阳""水淹七军""刮骨疗毒""父子忠魂"等八幅壁画，再现了关羽忠、义、仁、勇的高大形象和荆州人对他的景仰之情。大殿和结义楼之间的甬道上，有一尊威严的关帝石雕像，威武、气派。

每年正月和农历五月十三（关圣降临日，又称关帝磨刀日），关帝庙都要举行大型庙会。荆州人祭祀、朝拜关公，已成为延续千年的习俗。来自世界各地的游客，汇聚荆州关帝庙，用不同的语言赞颂关公的忠义精神，给关公文化赋予了新的时代内涵。

（四）章华寺

位于荆州沙市区太师渊路北侧。相传是楚灵王的离宫章华台故址而得名，始建于元泰定二年，清代又重修，与汉阳的归元寺、当阳的玉泉寺并称为湖北三大禅院。

章华寺为宫廷式建筑格局，布局合理，有天王殿、韦驮殿、大雄宝殿，藏经楼等主要建筑，规模巨大，金碧辉煌，总面积达 2 万余平方米。藏经楼内存清慈禧太后颁赐的龙版《大藏经》7168 卷，以及缅甸僧人所赠两尊玉佛等珍贵文物。新修建的观音甘露宝塔，供奉巨型缅甸玉四面观音洒甘露塑像，七层八面，塔高 66.88 米。寺院内古迹文物遍布，天王殿院中有一株高大挺拔、枝繁叶茂的唐代千年古银杏；大雄宝殿前东侧有一簇至今仍生机勃勃、清香四溢的楚梅（图 3-19），相传是楚灵王所植，享有"中华第一梅""天下第一古梅"的称号。明代诗人罗朝伟写诗赞曰："罗浮梦暖花魂狂，老树不死仍芬芳，植者何人自何代，能使满街春雪香。"清人李葆元在《章台古梅》吟曰："香凝白雪争千载，影瘦江南又一枝。"禅堂前有一口水井，传说此井为楚灵王嫔妃洗漱、浇花专用井，其余韵不绝，仍清甜甘洌如故，故名"沉香井"。清人宗湄盛赞："朝汲井泉甘，暮汲井泉洌。"名寺古刹，异彩纷呈，吸引八方游人香客前来观光朝觐，流连忘返。

图 3-19　章华寺大雄宝殿前的楚梅（作者拍摄）

（五）万寿宝塔

位于荆州市沙市区荆堤路 99 号。明嘉靖二十七年，第七代辽王朱宪㸅奉嫡母毛太妃之令为嘉靖皇帝祈寿所建，四年后落成，取名万寿塔（图 3-20）。

万寿宝塔为楼阁式砖石仿木结构，通高 40.76 米，塔身八面七层，下设高大石座，塔座八角各嵌一汉白玉力士砥柱。塔身中空，内建螺旋式石阶，可盘旋上至各层，每层向外洞开四门，塔内一层正中立一尊接引佛，身高 8 米，第四层塔内有一块"辽王宪鼎建万寿宝塔记"碑，字迹已斑驳；塔体内外壁嵌佛龛，共供奉汉白玉坐佛 87 尊，神态各异，造型绝妙逼真；所用塔砖来自全国 8 省 16 个州府县，为各地信士所敬献。部分塔砖烧制独特，成正方形，图文并茂，品类繁多。有花卉砖、浮雕佛像砖、满藏回蒙汉五种文字砖共2347块。万寿宝塔是研究明代宝塔建筑风格、砖雕艺术、地方历史、宗教活动的重要实物见证。现塔身深陷大堤堤面以下7.29米，此一独特景象的形成，主要由于长江河床、水位在漫长岁月中逐渐抬高，荆江大堤亦随之不断被加高所致。

图 3-20　万寿宝塔（作者拍摄）

万寿宝塔立于荆江大堤观音矶头，还有镇锁江流、降服洪魔、保一方平安之寓意。它既是近500年来荆江两岸饱经水患的历史见证，又承载寄托着人们制服江流的美好愿望。2006年，万寿宝塔被列入第六批全国重点文物保护单位。

五、名人遗迹

（一）孙叔敖墓

孙叔敖（公元前630年至公元前593年），芈姓，蒍氏，名敖，字叔敖，出生于郢都（今荆州纪南城）[1]，春秋时期著名的政治家、思想家、军事家，一生政绩卓著，被誉为"古来第一循吏"。

孙叔敖尤以治水最为世人所称道。大约在楚庄王九年（公元前605年），他主持兴建了我国最早的大型引水灌溉工程——期思陂，史称"决期思之水，而灌雩娄之野"（《淮南子·人间训》），即在今河南固始县境内开渠引水，形成渠陂结合、"长藤结瓜式"的灌区（汉代以后称"期思雩娄灌区"）。楚庄王十五年（公元前599年）孙叔敖出任楚国令尹（国相），悉心辅佐楚庄王施教导民，宽刑缓政，发展经济，整军强国，楚国进入了政治、经济、文化发展的全盛期。他主持开凿"芍陂"（今安徽省寿县城南安丰塘），借淮河古道泄洪，筑陂塘灌溉农桑，造福淮河黎民，至今仍在发挥着作用。孙叔敖还兴建安徽霍邱县的水门塘，治理湖北的沮水和云梦泽，在楚都纪南城东北修建了大型平原水库（即现今的海子湖），促进了楚国的农业发展。毛泽东主席在视察淮河时多次提到孙叔敖，说他是一个了不起的治水专家。庄王十七年（公元前597年），辅助庄王在邲（今河南省荥阳东北）之战中指挥楚军大败晋兵，奠定了雄楚称霸的伟业。

孙叔敖虽位高权重，但一生清廉简朴，多次坚辞楚王赏赐，家无积蓄。因积劳成疾，年仅38岁病逝，临终时连棺椁也没有。孙叔敖墓（图3-21）位于荆州市沙市区中山公园东北角江津湖畔、春秋阁旁。其墓碑为清乾隆二十年所立，上刻"楚令尹孙叔敖之墓"。历代文人墨客瞻仰孙叔敖墓，写下不少咏赞的诗篇。

---

① 一说为楚国期思邑（今河南信阳市淮滨县）人。

荆风楚韵：湖北荆州传承发展荆楚文化研究

图 3-21　孙叔敖墓

（二）张居正故居

张居正（1525-1582年），字叔大，号太岳，谥号文忠，湖北江陵（即荆州）人。明代政治家、改革家被称为"宰相之杰"，也是历史上颇富争议的宰相。

万历初年，张居正成为内阁首辅，由于明神宗年幼，一切军政大事都由张居正裁决，前后当政长达十年之久。他以整顿吏治、发展经济、巩固边防等为主要内容，展开一系列的改革，史称"张居正改革"。在政治上，整饬吏治，推行考成法，严格奖罚，主张唯贤是用，坚决裁减冗员；在经济上，改革漕运，清丈土地，打击豪强，推行"一条鞭法"，将田赋、徭役、各项杂税合并，增加财政收入；在军事上，加强边备，有力地抵御了倭寇对东南沿海的侵扰，促进了国泰民安。这些有利于国家和民族的重要改革措施，使朝政为之一新。

张居正改革是在明代中叶以来社会危机日益严重的情况下实行的政治变革。他以超人的胆识，尽量利用历史舞台所能给他提供的条件，去大刀阔斧地进行改革活动，在一定程度上缓解了国内的阶级矛盾和民族矛盾，从而使暮气沉沉的大明王朝，出现了回光返照的最后一抹辉煌，其中的历史经验得失，值得后人汲取。

明万历十年张居正病卒，遵其遗嘱，归葬荆州故土。张居正墓位于荆州市沙市区太岳路北端的张家台村，系1986年重修，占地10余亩，墓前立有"张文忠公之墓"的石碑。为了给后人提供缅怀、纪念张居正的场所，荆州市于2007年在荆州古城东门内重建张居正故居（图3-22），由前厅、东西厢房、碑堂、碑廊、楚天楼等18座建筑组成，占地6000多平方米，展示张居正生平史迹文化。

图3-22　张居正故居（作者拍摄）

（三）公安三袁故里

指明代文学家袁宗道、袁宏道、袁中道三兄弟，因其出生于湖广公安（今湖北荆州市公安县），故其文学流派世称"公安派"或"公安体"。

袁宗道（1560—1600 年），字伯修，号石浦，万历十四年进士，历任翰林院编修、春坊右庶子等职，著有《白苏斋类集》；袁宏道（1568—1610 年），字中郎，号石公，万历二十年进士，历任吴县知县、顺天府教授、吏部验封司主事、稽勋郎中等职，著有《袁中郎全集》；袁中道（1570—1626 年），字小修，万历四十四年进士，历任徽州府教授、国子监博士、南京吏部郎中等职，著有《珂雪斋集》。因为三兄弟都是进士，袁宗道、袁中道分别在北京和南京的吏部做过官，所以民间对此有"一母三进士，南北两天官"的美誉。

公安派的文学主张发端于袁宗道，袁宏道实为中坚，是实际上的领导人物，袁中道则进一步扩大影响。其核心理论是：反对承袭，主张通变。猛烈抨击明代中期文坛前后七子的句拟字摹、食古不化倾向，主张文学应随时代而发展变化，冲破一切束缚创作的藩篱。独抒性灵，不拘格套。所谓"性灵"就是作家的个性表现和真情发露，充分展示作者的个性。推重民歌小说，提倡通俗文学，对提高那一时期民间文学和通俗文学的社会地位有一定作用。

袁宗道、袁中道逝世后葬于公安县孟溪荷叶山，墓北面即为"三袁"故里桂花台。袁宏道的墓位于公安县庄铺镇肖家嘴村，紧靠沱水河。"三袁"事迹在公安广为传赞，在当地掀起读书求知的热潮，"三袁"传说流传至今。"三袁"的成长、成功与其家族家教有直接关系。袁氏家规家训的核心理念是"立德"和"做人"，传家二十多代、五百多年，对后世产生了深远影响，促进民风淳厚，思想开化。

六、历史名镇

（一）瞿家湾镇

位于洪湖市西部距城区 55 千米处。明清至民国时期属监利县，1957 年 7 月划归洪湖。据《洪湖县志》记载：瞿家湾自明弘治九年开始形成。

当时这里还是洪湖芦苇河汊中一块鲜为人知的荒洲，一个叫瞿文暹的人为逃避官府的追杀，荡一叶扁舟闯入，成为第一个拓荒者。瞿文暹在此落脚生根，繁衍生息。至清朝末年，这里发展成为拥有商铺百余间，闻名遐迩的瞿乡集寨。瞿家湾镇具有典型的江汉平原水乡小镇特色，主街道宽4米，长500余米，是著名的"明清一条街"。两旁的清末民初的徽派民居建筑，穿斗式土木结构、单檐硬山顶、灰墙玄瓦、高垛翘崎，装饰精巧，形成了独有的古朴韵味（图3-23）。

图3-23　瞿家湾老街（作者拍摄）

1931年和1932年，湘鄂西中央分局曾两度设于瞿家湾。瞿家湾成为湘鄂西苏区著名首府，是湘鄂西省政治、经济、军事和文化的中心之一。瞿家湾湘鄂西革命根据地旧址群含39处重要革命旧址，主要有：湘鄂西中央分局旧址、中共湘鄂西省委会旧址、中共湘鄂西省委军事委员会旧址、湘鄂西省苏维埃政府旧址，以及湘鄂西省经济部、湘鄂西省邮政局、湘鄂西省司法部、湘鄂西省政府保卫局、《红旗日报》社、《工农日报》社、红军医院等多个部门的旧址，大部分集中在瞿家湾老街及其附近村湾。贺龙、周逸群、段德昌、谢觉哉、柳直荀等老一辈革命家和先烈曾在瞿家湾生活和战斗过。1963年筹建瞿家湾革命纪念馆，1985年重建并对外开放，辟有湘鄂西革命根据地简史陈列展、段德昌生平展，展出革命文物300余件。同年，修建了瞿家湾革命烈士纪念碑。

瞿家湾拥有全国重点文物保护单位、中国历史文化名镇、全国爱国主义教育示范基地、全国红色旅游经典景区等称号。作为洪湖赤卫队的故乡，瞿家湾如今依然保留着深厚的红色记忆，不仅是红色旅游的新热点，更是传承和弘扬革命精神的重要基地。漫步在古色古香的街道上，仿佛能听到历史的回声。

（二）周老嘴镇

位于监利市城北25千米处。因旧时古镇南面的西荆河迂回东流，形成了该地的地形似嘴，据传因周姓老翁在此摆渡而得名。由于内荆河、小荆河、龙潭河、西荆河、胭脂河五条河流相汇于此，可直通长江，人们坐船直达汉口、沙市，明清时期南北商贾云集，周老嘴镇发展为一个繁华的集镇，形成现在延绵千余米的古镇老街（老正街和沿河街）。老街宽约三四米，街面青石板铺路，两旁房屋青瓦白墙，前铺后室。

1931年7月，中共湘鄂西中央分局、中共湘鄂西临时省委和湘鄂西苏维埃联县政府从瞿家湾搬迁周老嘴。周老嘴成为湘鄂西革命根据地的红色首府，是湘鄂西省政治、经济、军事和文化的中心。周老嘴湘鄂西革命旧址群坐落于古镇街道两旁，现保存有湘鄂西省委、省苏维埃政府和红二军团等重要机关旧（遗）址52处。其中位于老正街94号的周老嘴湘鄂西革命根据地纪念馆系贺龙、周逸群旧居和中共湘鄂西中央分局旧址。纪念馆展览面积1076平方米，展出革命文物400余件，生动再现土地革命战争时期贺龙、周逸群、邓中夏、段德昌等老一辈无产阶级革命家，开创湘鄂西革命根据地光辉历程。1979 年，经湖北省人民政府批准，中共监利县委、县人民政府在柳直荀烈士殉难处——周老嘴镇心慈庵修建了柳直荀烈士陵园，柳直荀烈士遗孀李淑一为纪念碑题写了碑文。2013 年经改扩建后的柳直荀烈士陵园（图 3-24），占地 80 亩，建筑面积 3000 平方米，主体建筑有：仿古牌坊式大门楼、悼念广场、毛泽东《蝶恋花·答李淑一》词碑、柳直荀汉白玉雕像、湘鄂西革命历史浮雕、湘鄂西革命烈士纪念碑、革命烈士英名墙、湘鄂西苏区红色首府纪念馆、柳直荀烈士墓、无名烈士墓、六角亭等。

图 3-24　柳直荀烈士陵园内景

周老嘴拥有全国重点文物保护单位、中国历史文化名镇、第一批全国红色旅游经典景区、全国爱国主义教育示范基地、全国基本农田保护发祥地、国家 3A 级旅游景区、全国关心下一代党史国史教育基地等称号。近年来，周老嘴依托自身"千年古镇、红色革命、民国风"等特色文化资源，推动红色旅游、文化产业深度融合，努力打造成为知名的红色旅游目的地。

（三）程集镇

位于监利市城西北约 30 千米处，是监利的西大门，与江陵县、石首市交界，素有"一声鸡鸣闻三县"之称。早在春秋战国时期，楚王就在此修建了豪华的离宫——荆台；南宋嘉定年间，这里的老长河直通长江，一程姓富商在此修建码头开设店铺，逐渐形成集市，史称程家集；明清时期，更成了江汉平原一个商贾云集、商业和手工业十分繁荣的大集镇；民国初年达到鼎盛时期，享有"小汉口"的美誉。贺龙、周逸群等老一辈无产阶级革命家在此创建湘鄂西革命根据地的后勤物资集散地；新四军第五师襄南指挥部分支机构也曾设于此。1987 年程集镇启动新街建设，古镇居民渐渐搬走，老街日渐沉寂。

程集古镇以保存完好的明清古建筑群而闻名，共有民居 186 栋，其中保存较好的明清建筑 123 栋（86 栋属省保文物），坐落在延绵近千米、宽 3 米的老街两旁，被专家学者称为"最具江汉平原传统特色的商埠建筑"。这些房屋多为前后多进的砖木结构，前面临街为商业铺面，中进为客房或作坊，后进则为住房、货栈或晒场。每进之间还有天井或厢房，用木格扇板相隔，门窗一律镂格，木制楹联青底鎏金，古朴考究。老街呈典型的"鱼骨"型街巷结构，一街五巷主次分明。一条主街贯穿南北，支巷从山墙之间将主街与屋后联系起来。街道以青石板铺设，中间平，两边呈斜坡状，就像鲫鱼背，被磨得油滑光亮。因商贾和居民多用外加铁箍的独轮车作为交通运输工具，年长日久，街心石面被碾出一道深约两寸的辙痕，诉说着老街当年的繁华（图 3-25）。此外，古寺庙、古桥、古墩等古建筑遍布全镇，还保留了老茶馆、老酒馆、老药房、剃头镇、打铁铺等传统作坊，吸引了众多游客和摄影爱好者。金庸在其武侠小说《连城诀》中多次提到"程家集"，《枪声再起》《老辙》《小镇人》等多部影视作品也在此取景。

图 3-25　程集古镇老街

2007 年 5 月，程集镇入选第三批中国历史文化名镇。2023 年起，程集镇开始发展文旅业，镇域环境焕然一新，"游七彩花田、品程集粮酒、逛明清古街"成为古镇新名片。程集镇今后将突出早酒、楹联、姓氏等地方文化，打造特色民俗品牌，与监利周老嘴、洪湖瞿家湾邻近历史文化名镇优势互补，形成集群效应，吸引更多关注和"留量"。

七、民间文艺

（一）说鼓子

又称荆州说鼓，以说为主，说中带唱，击鼓说书，用唢呐伴奏的传统民间曲艺形式，乡土气息浓郁，极富表现力，这在全国其他民间曲艺形式中是不多见的。流行于湖北荆州地区的石首、松滋、公安、监利等县，与石首邻近的湖南几个县也有流传。传说鼓子源于戏曲音乐，形成于清同治年间。其艺人都是戏班中文、武场面的伴奏者，在不能演出时，往往三五相聚，靠清唱来卖艺。后来逐渐改为单独演唱，一人掌握唢呐、鼓、单钹、醒木4件乐器，多在春节和秋收以后应农民邀请演唱。以后又出现了一些流浪艺人沿门说唱，减掉了单钹和醒木。舞台上演出的说鼓子，除独脚班外，还有2人或3人的表演形式，上手打鼓说唱，下手吹唢呐伴奏，并进行插白或答词。

2008年6月7日，湖北省公安县、松滋市联合申报的"说鼓子"被列入第二批国家级非物质文化遗产名录。

（二）马山民歌

荆州市马山镇距楚故都纪南城30千米，素以民歌之乡著称。马山民歌的历史可追溯到2000多年前楚地的"扬歌""田歌"，是荆楚古歌遗风的一个典型代表，代表了江汉平原民歌的总体形态特征和音乐特色，主要有田歌、小调、灯歌、儿歌、风俗歌、号子、宗教歌，具有浓郁的原生态风味。其旋律流畅动听，节奏鲜活明快，歌词凝练精辟，通俗易学上口。它奇特的五句成歌、句尾点题的唱词结构，是荆楚文化的一块瑰宝。"喇叭调""伙计调""嘚嘚调""叮当调""哦嗬调"五大调和五句子歌更是闻名遐迩，久唱不衰，在民间广为流传。

2008年6月7日，马山民歌被列入第二批国家级非物质文化遗产名录。2019年11月，《国家级非物质文化遗产代表性项目保护单位名单》公布，荆州市荆州区文化馆（荆州市荆州区非物质文化遗产保护中心、荆州市荆州区楚剧传承中心）获得"马山民歌"项目保护单位资格。2023年10月31日，《国家级非物质文化遗产代表性项目保护单位名单》公布，"马山民歌"项目保护单位荆州市荆州区文化馆（荆州市荆州区非物质文化遗产保护中心、荆州市荆州区楚剧传承中心）评估合格。

（三）荆河戏

荆河戏因流传于长江荆河段而得名，历史上曾有上河戏、上河路子、荆河调、大台戏等名称，1954年正式定名为荆河戏。荆河戏起源于明永乐二年，万历年间文学家袁宏道、袁中道多次在沙市观看（袁中道称之为"楚调"）。到清代初年基本完成了楚调与秦腔的"南北结合"，形成荆河戏弹腔的"南北路"，荆河戏基本成型，并逐渐流入湘西北一带，对我国西南部诸多南北路剧种产生过不同程度的影响。荆河戏为高腔、昆腔、弹腔（南北路）、杂腔小调的多声腔剧种，吸收了荆楚民间劳动、生活腔调不少素材，保存下来的剧目有 500 多出，舞台语言以荆州口语或澧州官话为主，唱腔具有高昂、响亮、气势宏大的特色，音乐南北交融，唱词、道白通俗有韵味。

时至今日，尚保留诸多原生形态的"单钹路子"的荆河戏仍在沙市区、荆州区一带流传，受到荆州中心城区及周边县市群众的欢迎。2006 年 5 月 20 日，荆河戏被列入第一批国家级非物质文化遗产名录。

（四）荆州关羽传说

"荆州关羽传说"是湖北省第三批非物质文化遗产名录项目。它的题材丰富、形式多样，包括事迹传说、风物传说、习俗传说、名胜与地名传说、谚语、歇后语、对联、关公戏等，初步收集整理已有 40 多篇。其中的关羽形象多为义薄云天的大英雄，也有关羽伏魔除妖一类的传说，充满神奇性、趣味性、精彩性，弥补了史料与文学上对关羽事迹和关公形象的不足。

荆州关羽传说不仅具有鲜明的荆楚文化地域特征，如《卸甲山》，还具有民间文学的民族性和整体性特征，以及民间文学的人性化和神坛化特征，如《关羽成财神传说》《教子关平》。荆州关羽传说生动地表现了荆州地区民众对关公的尊崇，体现中华民族共同的忠义仁勇的伦理道德与价值观，是关公精神人性化的传承。

（五）荆州三国故事

"荆州三国故事"是湖北省第三批非物质文化遗产名录项目。初步收集整理的三国故事近 200 则，内容十分丰富，有反映遍及古城内外、荆江南北的三国遗址遗迹的风物传说，有歌颂历史人物叱咤风云、金戈铁马的战斗故事。从反映刘关张结义的《桃园三结义》到描写赤壁之战的《曹鞭港》《泥鳅报东风》《刘备借荆州》《大意失荆州》等，几乎囊括了三国史上的主要历史事件。这些故事不同于《三国志》，有别于《三国演义》，堪称一部"三国野史"。荆州三国故事在三国风云中产生，在民间口头传承，因其精彩纷呈而遐迩闻名，因其植根百姓而弥足珍贵。

八、民俗风情

（一）荆州端午节民俗

荆州端午节民俗源远流长，节期长，活动项目丰富多彩，文化内涵十分丰富，既保留了传统端午节习俗中祈福、辟邪、卫生、游乐的内容，又包含着荆州民众对屈原爱国忧民情怀、高风亮节人格的崇敬和颂扬，是楚文化和历代端午节习俗在荆州的活态遗存，承载着悠久的中华文化和深厚的民族情感。

在荆州，端午节习称"端阳节"。除了"竞渡""悬艾于户""食粽""系长命缕""蓄药""浴兰汤""饮雄黄酒""贴张天师像""戴罗囊""点雄黄""佩五毒图饰物"等习俗外，端午节一节过三次（五月五日小端阳，五月十五日大端阳，五月二十五日末端阳），五月五日清晨"踏露"，用露水洗眼，"戴栀子花"，在室内放"黄烟炮"，做"龙舟会"，女儿回娘家"躲午"，乡村划龙舟拜节，食包子、盐蛋、绿豆糕、艾糕、凛糕、鳝鱼等，则是荆州端午节特有的习俗。

荆州平坦的地势、星罗棋布的湖泊为赛龙舟提供了得天独厚的条件。赛龙舟在荆州至少已延续了 1500 年，竞渡中哀悼屈原、万众欢腾的热闹场景和祭龙祈年三者有机结合在一起，反映人民纪念先贤和祈求国泰民安、丰衣足食的美好愿望。袁宏道描写明代沙市赛龙舟盛况："金鳞坼日天摇波，壮士麾旌鸣大鼍。黄头胡面锦魅额，疾风怒雨鬼神过。渴蛟饮壑狠触石，健马走坂丸注坡。倾城出观巷陌隘，红霞如锦汗成河……云奔浪激争抚掌，亦有父老泪滂沱。"（明·袁宏道《午日沙市观竞渡感赋》）袁中道也有诗云："……龙甲铺江丽，神装照水鲜。万人齐着眼，看取一舟先。"（明·袁中道《午日沙市龙舟》）荆州传统龙舟制作精良，船身长，桡手多，船尾安置有加速用的十米长艄桨，船上有彩旗装饰，船上有鼓手、锣手、马锣手，其中马锣手的表演有很强的观赏性，龙头上坐有一童男"夺标"。楚人崇凤，端午节时荆州还有凤舟参加竞渡，凤头坐一童女"夺标"，呈现出明显的楚文化特征。

荆州赛龙舟演唱的歌曲叫作"龙船号子"，其形式为一领众和，用以协调划船动作、鼓舞士气和活跃气氛，具有浓厚的荆风楚韵特色。"龙船号子"分下水调、游江调、龙船调、抢标调、得头标调等。其歌词不少是古代流传下来的，更多的则是即兴口头编唱。

（二）荆州风味饮食

荆州饮食既鲜明地体现了江汉平原鱼米之乡的特色，又积淀着深厚的荆楚文化底蕴。先秦时期的古典楚菜是荆州也是湖北的饮食文化之源。《楚辞》的《大招》《招魂》篇中就铺陈描写了楚国的"食单""菜谱"，从主食、菜肴到点心、酒水，从技法到调味，样样俱全，生动地反映了当时荆楚地区的饮食风貌和特色。经历 2000 多年的发展、演化，荆州菜肴形成"五味调和、咸鲜微辣、中庸醇厚"的风味特点，以烹制淡水鱼鲜见长，擅长蒸、煨、烧、炒、煎、炸、卤等多种技法，讲求鲜、嫩、滑、爽、酥、糯的质感，突出精、奇、细、巧等特征。代表菜肴有"荆州鱼糕""鱼圆""千张扣肉""龙凤配""冬瓜鳖裙羹""散烩八宝饭""皮条鳝鱼""排骨藕汤""笔架鱼肚""黄焖甲鱼"等，民间有"无糕不成席，无圆不成席、无鱼不成席、无汤不成席"之说。

七星宴。荆州沙市地区的传统宴席。清代至新中国初期，沙市的主要街道都设有水龙公所（民间义务救火组织）。每年的初夏和中秋，均要集中一次进行敞炮活动（消防演练水炮），藉此机会聚餐慰劳义勇救火队。菜肴是用鱼、肉、鸡等食材，通过蒸、炸、炒、烩、焖做出的六菜一汤，于是有人给它取名为"七星剑""七星饯"或"七星宴"。民国初期，沙市老字号王洪发酒楼经过精烹细作后，作为品牌宴席推向了市场，逐渐成为荆沙官方民间的标准宴席。

"七星宴"中六样主菜的数量都约定为"八"和八的双数，即鱼糕十六块、炸鱼十六块、扣肉十六块、油炸鸡八块、黄焖圆子十六个、炒三鲜主配料十六样。因为当时用的是每席只坐八个人的方桌或八仙桌，而八的谐音是"发"，有"人人发财"的寓意，更有"七星"伴"八仙"之意。其上菜顺序：第一道是鱼糕头子（杂烩头子）；第二道是扣肉；第三道是油炸鸡；第四道菜是黄焖圆子；第五道菜是炒三鲜（以猪的肝、肚、腰为主料烹调而成）；第六道菜是汤（利用鱼肉的"下料"制成圆子，再加上鸡杂掺和而成）；第七道菜是炸鱼块，寓意"始终有鱼（余）"。席位上放有一张草纸或荷叶，每位客人都可以留一块鱼糕、一块扣肉、一块炸鱼和一个圆子打包带回家去。"七星宴"节俭健康的饮食习俗，实为内涵祥和的饮食文化。

荆州鱼糕。荆州的传统名菜（图3-26）。传说上古时期，舜帝携娥皇、女英二妃南巡，到公安柳浪湖时，娥皇忽然得病，难以下咽食物。女英找到一名叫伯的渔人，取鳡鱼一尾，斩头去尾，剔去鱼刺，剁成肉浆，蒸成鱼糕。娥皇吃后很快康复。于是鱼糕有了"湘妃糕"的美名。另一说，楚都纪南城内有一家"百合鲜鱼庄"，夏日购鱼过多尚未卖完，快要腐烂。店主急中生智，去掉鱼的骨刺，掺上猪肉剁烂，拌入佐料做成糕，入笼蒸熟后售卖，结果大受欢迎。楚庄王品尝后，将鱼糕封为宫廷头道菜，故鱼糕得名"楚糕"。而清朝乾隆皇帝尝过后，吟诗道："食鱼不见鱼，可人百合糕。"由此，鱼糕又被称作"百合糕"。

图 3-26　荆州鱼糕

荆州鱼糕用料以鳡鱼最佳，制作中将鱼肉剁烂，配以少许肥肉丁，调进适量淀粉、鸡蛋白，搅拌上劲；待蒸熟后以蛋黄抹面，点少许红色水。糕质白嫩晶莹，糕面白、黄、红色相间，色彩鲜艳，俗称"花糕"。做糕所剩鱼皮和肉，剁烂炸成鱼丸子。食用时，用鱼丸子垫底，将鱼糕切片码好，一起装碗蒸透，扣在盘内，再用鸡丝、肉丝、黄花、木耳、嫩笋等爆炒勾芡后盖帽上席，香气浓郁，一菜多味，是荆州一带筵席上的头菜，故名"杂烩头子"。

皮条鳝鱼。荆州的传统名菜（图 3-27）。将鳝鱼剔除老骨后切成长条，制熟后犹如皮条而得名。又以形如竹节，也叫竹节鳝鱼。清道光八年，荆州监利县人朱方哲任台湾宜兰县令。当地发生鳝鱼打洞拱垮田界引起纠纷，他便让随去的荆州厨师特备以鳝鱼为原料的筵席，以"皮条鳝鱼"作为头菜，请原告被告一起品尝，并提倡大家捕食鳝鱼，最终从根本上解决了此次纠纷，一时传为佳话。食鳝的习俗也因此传入台湾，流传至今。皮条鳝鱼做法讲究，尤重火功。选用拇指粗的黄鳝鱼，宰杀去骨，切成条状，洗净挂糊浆，用三道不同温度的油氽炸至皮酥，再挂上糖醋黄汁，这样做出来的皮条鳝鱼，形似皱皮蛇条，色泽金黄透明，外酥脆，内油嫩，味道香甜醇厚。

图 3-27　皮条鳝鱼

公安锅盔。又称锅块，荆州公安县的传统特色小吃（图 3-28）。据传东汉末年，刘备屯兵驻扎公安，将士们行军打仗时为了做饭方便，就把头盔当铁锅来烤制面饼，即熟即食，故得名锅盔。荆州民间称制作锅盔为"打锅盔（块）"或"贴锅盔（块）"，是将一块面团揉搓成饼状面坯，内以肉末或梅干菜等为主馅，佐以葱蒜酱调味，撒上白芝麻增香，然后贴在圆桶状烤炉的炉膛内壁上热煎，同时借炉中炭火温度炙烤，又借面团内水汽在高温下的流动而蒸。出炉的锅盔外皮金黄薄脆，内层柔软香甜劲道，再涂上一层辣椒油，用以增色调味。公安锅盔有别于其他地区同类产品，自成一派，在国内美食小吃领域声名鹊起。

监利早酒。长江沿岸地区多有喝早酒的习俗。监利位于长江关键的"拐弯"处，自西北而来的长江水，在这里转向东北方向，上衔宜昌，下接武汉，又与洞庭湖隔江相望，这样的地理位置使监利因水而兴，成为一个航运交通枢纽和物资集散地。一大清早，码头工人结束一夜的装卸搬运，渔民农夫即将开始一天的生产劳作，往来商贾刚刚抵达上岸或要启程远行，于是就到餐馆或摊点喝点小酒，佐以小菜，以达到消疲解乏、驱寒祛湿、舒身提神、交流信息的目的。后来一些居民也将喝早酒作为短暂休闲、身心放松的一种生活和饮食方式，逐步形成了监利的"早酒文化"。如今，在监利的街头巷尾，随处可见各式各样的早酒馆和早酒摊。随着网络媒体的广泛传播，监利早酒的名声逐渐走出小城、传向全国，吸引越来越多的食客前来品尝和体验。

图 3-28　公安锅盔小摊（作者拍摄）

九、荆州博物馆

位于湖北省荆州市荆州区荆中路 166 号。其前身是 1951 年建立的湖北省文史馆荆州工作组、湖北省文物保护管理委员会荆沙分会，1958年正式建立湖北省荆州专区博物馆，1997年更名为"湖北省荆州市博物馆"。历经60多年发展，荆州博物馆已成为融陈列展览、宣传教育、文物收藏保护、古城古建保护、考古发掘研究、遗址公园建设等多种功能于一体的地方综合类历史博物馆、国家4A级旅游景区、首批国家一级博物馆、国家公益一类事业单位，馆舍占地面积5.2万余平方米，建筑面积2.3万平方米，是荆楚文化的艺术殿堂，是古城荆州的靓丽名片。

截至2021年，荆州博物馆藏品（主要为考古发掘出土文物）19.6万余件，其中国家珍贵文物17950件（套），包括国家一级文物614件（套），二级文物1259件（套），三级文物16077件（套）。有史前巧夺天工的各种玉饰；有绝无仅有、质数堪称国内之最的战国丝绸；有寒光闪烁、成色如新的越王剑、吴王夫差矛；有色彩斑斓、工艺精湛的战国秦汉漆器（图3-29）；有目前所知我国也是世界上最早的数学专著《算数书》和《二年律令》等汉初简牍[1]；有迄今为止保存年代最久远、最为完好的西汉男尸。数量多、种类丰、价值高，是弘扬历史文化的宝藏。

荆州博物馆目前开设8个具有浓郁地方特色的基本陈列，系统展示荆州历史文化和文物精品：陈列大楼《漫天星斗——江汉平原原始文化展》、《吉金耀彩——荆州出土铜器展》《楚玉撷英——荆州出土玉器展》《书于竹木——荆州出土简牍展》《陶苑奇珍——荆州出土古代瓷器展》，珍品馆《五大夫遂——凤凰山168号汉墓展》《丹漆神韵——楚秦汉漆器精品展》，全国重点文物保护单位开元观《开元观历史文化陈列》。临时展区自办代

---

[1]　1983年12月至1984年1月，湖北江陵清理了张家山247号汉墓。出土竹简内容为汉代典籍，有《历谱》《二年律令》《奏谳书》《脉书》《算数书》《盖庐》《引书》和遣策共八种。其中的《算数书》是早于《九章算术》的古代数学佚籍，《二年律令》是汉高后二年（公元前186年）吕后颁布的律令。

表性原创临时展览，引进或参加外展，促进文化交流。

图 3-29　虎座凤鸟架鼓（出土于荆州天星观 2 号楚墓，荆州博物馆藏。作者拍摄）

荆州博物馆是荆楚历史文化的窗口，是国内外人士游览荆州的首选，年均观众量逾百万，为弘扬文化、传承文明发挥了重要作用。

第四章 总体战略思路

第一节 发展基础

楚韵荆州，无比精彩。近年来，荆州在文化传承与发展方面不断探索，打造新时代楚文化的权威阐释地、场景再现地、活动聚集地、文旅目的地，建设荆楚文化保护传承示范区。当前文旅发展千帆相竞，百舸争流，机遇与挑战并存，荆州需要着力破解影响文旅高质量发展、制约文物作用更好发挥的体制机制等问题，在保护中传承，在发展中创新。

一、发展成就

（一）文化保护体制机制日臻健全

文化保护工作制度有章可循。颁布《荆州古城保护条例》《荆州市湘鄂西苏区革命遗存保护条例》等地方性行政法规。编制《荆州历史文化名城保护规划（2020-2035）》《荆州市文化和文物广电体育事业发展"十四五"规划》《荆州市旅游业发展"十四五"规划》等一系列保护规划。针对大遗址荆州片区、荆州城墙、郢城遗址、楚纪南故城、湘鄂西革命根据地旧址群、走马岭遗址等重要文保单位及遗址，编制专项保护规划。针对大遗址、非物质文化遗产保护工作等制定实施方案。

文化保护工作机制不断创新。在文物保护上，建立文物登记制度和文物资源数据库，全面掌握荆州文物保护现状，推进文物信息共享。在荆州古城保护上，整合市、区相关部门职责挂牌成立荆州市古城墙保护发展中心，成立荆州古城保护疏散和创建国家5A级旅游景区领导小组，建立古城保护疏散和5A级创建重点工作议事协调机构。在非遗文化保护上，构建由市文旅局全面协调、市非遗中心具体指导、县（市）区文旅局负责推动、街道文化站全面参与、社区综合文化服务中心负责承接管理的联动保护机制。

（二）文化保护利用水平国内领先

遗址考古与研究阐释卓有成效。自20世纪70年代以来，荆州市共发掘1万余座古墓葬和20余万平方米古文化遗址，获得全国十大考古新发现、国家田野考古奖、国家考古遗址公园、湖北省六大考古新发现等奖项。荆州龙会河北岸墓地出土楚简、胡家草场墓地出土简牍被国家文物局评为"考古中国"重大成果。楚纪南故城、荆州城墙、熊家冢遗址、郢城遗址等遗址考古工作取得重要进展。出版众多有影响力的考古报告、研究专著、学术文集、研究性图录及学术论文。

文物保护与修复工作全国领先。科技赋能文保工作，广泛应用智能巡查、太阳能视频监控、无人机空地一体巡查等田野文物保护新技术。荆州区古墓葬区建立"人防、物防、技防、犬防"四位一体常态化防控体系，成为全国文物保护先进典型。荆州文物保护中心是目前全国占地面积最大的文物保护中心，集文物保护科学研究、技术推广和技术服务于一体，拥有50多位文保专家的团队，具备每年修复木漆器文物800至1000件、竹木简牍10000至15000枚、丝织品400至500平方米的能力，多项成果获得国家文物局、省市的奖励。

文物展示利用形式不断创新。荆州博物馆、熊家冢遗址车马阵展厅和出土文物陈列馆、监利市革命历史博物馆、洪湖革命历史博物馆等各类文物陈展单位功能提档升级，开展博物馆数字化项目建设和文物文创产品开发。2022年4月，荆州城墙顶部实现全线贯通，并对市民和游客免费开放。2022年10月，走马岭遗址入选第二批湖北省文化遗址公园。

非遗保护传承创新成果丰硕。荆州市被列入"非遗在社区"全国试点城市。以荆楚非物质文化遗产技能传承院为依托，建成荆州传统工艺工作站、全国漆艺传承发展联盟2个部级传承平台，形成以楚式漆艺为核心的非物质文化遗产保护传承体系，探索建立"非遗+职教+公司"传承的"荆州模式"。非遗教育卓有成效，多次承办文化和旅游部的中国非物质文化遗产传承人群研修研习培训班，多项国家级、省级非遗项目在中小学设立传习基地。非遗产业融合转化路径不断拓展，以"荆作·楚生活"为品牌，打造"琴、食、茶、书"的体验空间，设计研发涵盖家具、古琴、文房、日常生活品等在内的系列产品；白云边酒传统酿造工艺、荆州鱼糕、公安牛肉三鲜制作技艺、笔架鱼肚制作技艺、楚简制作技艺、楚地斫琴技艺等项目保护单位成立经营公司，产品销售至全国，成为极具特色的荆楚文创佳品。

（三）公共文化建设成果亮点纷呈

公共文化基础设施明显改善。近年来，荆州市建成公共图书馆8个、群艺（文化）馆9个、剧场4个、博物馆6个、体育馆8个。改扩建乡镇（街道）综合文化站121个。松滋、公安、石首建成省级公共文化服务体系建设示范区。全市乡镇（街道）综合文化站、村（社区）依托党员群众服务中心统筹整合设置村级（社区）综合文化服务中心1781个，市县乡村四级公共设施基本实现全覆盖，公共文化硬件设施建设全面提档升级。

文艺精品创作生产屡创佳绩。音乐、舞蹈、曲艺及美术书法摄影等群众文艺创作蓬勃发展。先后创作汉剧《优孟衣冠》《鼓盆歌》《击壤歌》、民俗活动《五虾闹鲇》、荆河戏《斩三妖》、歌剧《有爱才有家》、歌舞剧《沧浪水清》、公安说鼓子《百姓心中有秆称》等一大批具有浓郁江汉平原风情的文艺精品，广受好评。荆州区马山镇、沙市区岑河镇、石首市东升镇、洪湖市峰口镇被评为"湖北省民间文化艺术之乡"。2014年《楚国八百年》、2022 年《看见纪南城》等大型历史人文纪录片，完整系统地讲述了楚国波澜壮阔的历史。

特色公共文化活动丰富多彩。持续开展"送戏下乡""戏曲进校园""农村公益电影放映""文化进万家""四季村晚"等文化惠民活动。荆州市社区消暑文化节、荆州区马山民歌展演赛、洪湖水乡大舞台、公安"三袁"文化艺术节、沙市章台梅文化艺术节、松滋乐乡大舞台、石首"快乐广场大家跳"等特色品牌活动深受广大群众喜爱。荆州市图书馆小太阳读书节暨全民阅读活动荣获国家公共文化服务体系示范项目称号。2023 年 3 月至 4 月，以"传承创新·楚韵荆州"为主题举办首届楚文化节，立体式、多元化呈现楚文化的深厚内涵和时代魅力，荆州城市名片"借节出圈"。

（四）文旅产业发展态势持续良好

文旅发展指标增长幅度大。"十三五"时期，荆州市累计接待国内外游客 2.06 亿人次，实现旅游综合收入 1393 亿元，比"十二五"期间累计分别增长 132.45% 和 129.22%。经历疫情后，2023 年全年接待游客 7580 万人次，同比增长 30.6%，实现旅游综合收入 545 亿元，同比增长 43.4%。2024 年接待游客 8908 万人次，旅游综合收入 659 亿元。全市规上文化产业法人单位数量 115 家，创建了多个文旅品牌，进一步提升文旅市场的影响力和知名度。筹划推进了复兴之路爱国主义教育基地、荆州市城市文化中心、荆楚非遗工匠小镇、楚肆水街、郢城文化园、海洋世界三期、沙市洋码头、松滋洈水运动休闲小镇、石首桃源小镇、洪湖珂里湾慢游小镇等一批重大产业项目建设。

文旅新业态发展明显提升。在新发展格局影响下，乡村旅游、红色旅游、研学旅游发展迅速，极大丰富了荆州市文旅市场供给体系。荆州园博园、方特东方神画、松滋洈水汽车露营基地等文旅项目引爆荆州文旅产业。洪湖市、监利市、江陵县、石首市启动"打卡红色景区，传承红色文化"红色旅游活动，发布建党百年红色旅游 5 大主题、15 条经典线路以及红色旅游全景地图，进一步弘扬湘鄂西红色文化。

文旅消费新场景不断呈现。大力开发夜游新业态，开展创意集市、休闲乐园、非遗民俗、网红直播等丰富多彩的活动，取得显著成效。2021年10月，荆州市入选第二批国家文化和旅游消费试点城市，2022年8月，荆州市纪南文化和旅游集聚区入选第二批国家级夜间文化和旅游消费集聚区建设名单。荆州园博园、荆州方特东方神画、郢城文化园、荆州古城墙推出系列夜间特色主题活动，已成为荆州市夜间文旅消费亮点。

二、主要问题

（一）文物保护利用有待政策优化

由于受到现行文物管理制度与保护政策的限制，文物资源活化利用体制机制不够完善，导致楚国高等级贵族墓葬、楚纪南故城等重要文化遗产资源的考古发掘工作进展缓慢，重大项目建设工作严重滞后，荆楚文化发掘与研究阐释受到一定程度的阻碍。文物不单单是需要人类的有效保护，更加需要人类的合理开发与利用。故步自封、抱残守缺绝不是保护，最终只会走向凋零破落。荆州迫切需要国家在抢救性考古发掘、主动性考古发掘项目审批方面予以倾斜，省内重点文物保护项目上予以优先考虑，加大文物保护利用力度，加强重大项目衔接，充分发挥文物资源独特优势、独特价值、独特作用，奋力实现文物魅力和经济社会高质量发展和谐共赢，探索建立符合国情、省情、市情的文物保护利用之路。

（二）文化保护发展遭遇资金瓶颈

受城市开发、经济发展和财力限制等因素影响，荆楚文化保护发展方面的政府资金投入总量较少，对于荆州市数量庞大、类型多样的文物和文化资源的保护发展来说杯水车薪，捉襟见肘，文物保护成为沉重的"包袱"，重要遗址考古发掘、系列文物保护修复、荆楚文化研究阐释与展示利用等均遭遇资金瓶颈。要从根本上解决这一问题，必须解放思想，正确处理好文物保护与资源开发的辩证关系，在不断的探索过程中，找到经济效益与社会效益"双丰收"的最理想结合点，真正走上"保护－发展－保护"的可持续的良性循环轨道。

（三）文博事业发展亟须人才支撑

荆州重视文博人才队伍建设，但由于是三线城市，整体上难以吸引高层次人才，而且人才流失严重，面临着专业人才严重匮乏、保护利用队伍力量薄弱的难题，尤其缺少文化领军人才、文化科技跨界复合型人才、中高级文旅经营管理人才、优秀文化创意人才，以及具有国内外知名度和影响力的研究团队、智库。需要以更大的力度培养和引进文化人才，进一步改进人才管理和用人制度，创造有利于人才成长和发展的良好机制，尤其是要营造鼓励文化人才创新的环境氛围。

（四）文旅产业发展缺乏顶级品牌

荆州有顶级文化资源，但缺少顶级文旅品牌。文化开发还缺乏深度、广度、精度，缺乏更多更好的项目和景点，楚文化更多的是以墓葬遗址、馆藏文物、简册典籍等形式展现于世，目前还没有代表人类文化保护与传承最高等级的世界文化遗产。非物质文化遗产方面，也只有端午节作为中国传统节日列入人类非物质文化遗产代表作名录。而同时期的古希腊文化已有雅典卫城（1987年）、德尔斐考古遗址（1987年）、埃皮达鲁斯考古遗址（1988年）、奥林匹亚考古遗址（1989年）等世界文化遗产，都是举世闻名的文化和旅游目的地。这一现状与楚文化的文化高度、历史地位和广泛影响严重不匹配，也导致以楚文化为代表的荆楚文化尚未在大众心中形成与其地位相称的形象，荆州的文化吸引力不强，文旅市场没有被完全打开。需要进一步加强世界文化遗产、长江国家文化公园荆州段、国家5A级旅游景区、国家级旅游度假区等顶级品牌的创建，更加积极主动地学习借鉴人类一切优秀文明成果，创造一批熔铸古今、汇通中外的文化成果，以此引领和带动文旅产业转型发展，推动文化与旅游深度融合。

第二节　目标定位

荆楚文化传承发展高地建设是一项复杂的系统性工程，需要坚持统筹谋划，强化全局思维、战略思维、系统思维，做好顶层设计，密切协作配合，扎实有序推进。

一、指导思想

以习近平新时代中国特色社会主义思想特别是习近平文化思想为引领，深入学习贯彻党的二十大和二十届二中、三中全会精神，全面贯彻落实习近平总书记关于文化传承发展的一系列重要论述和考察湖北重要讲话精神，抓住长江经济带、长江国家文化公园、新发展格局先行区、江汉平原高质量发展示范区等重要国家和区域战略发展机遇，坚定扛牢责任担当，从历史荣光中汲取智慧、凝聚力量，自信自强，守正创新，以建成荆楚文化保护传承示范区，打造荆楚文化传承发展中心为目标，全方位构建荆楚文化挖掘研究、保护传承、转化提升体系，推出一批荆楚文化重大研究成果，锻铸一批荆楚特色鲜明的文化地标和重要设施，形成荆楚文化保护传承发展的"荆州范式"，充分彰显荆楚文化的精神内涵、时代价值和独特魅力，推动荆楚文化创造性转化和创新性发展，为推进中国式现代化、建设中华民族现代文明、实现中华民族伟大复兴贡献荆州力量。

二、战略定位

立足荆州楚文化鼎盛地、三国文化荟萃地、红色文化富集地、荆江文化展示地的文化特色，创建荆楚文化遗产原真性保护、长江文化持续性传承、区域文旅融合活态性利用和中外文明交流跨域性弘扬的"荆州范式"，将荆楚文化保护传承示范区打造成为"古今辉映，文明互鉴"的中华文明国家典范、"源远流长，传承创新"的长江文化荆楚地标和"荆楚风韵，中外闻名"的世界级文旅目的地。

三、发展目标

现阶段，深入挖掘荆州的楚文化、三国文化、红色文化、荆江文化等特色优势资源，奋力打造新时代楚文化的权威阐释地、活动聚集地、场景再现地、文旅目的地。到 2025 年，全市接待游客 9000 万人次，年均增长约 12%；实现旅游总收入 700 亿元，年均增长约 16%。文化产业增加值占生产总值比重超过 5%，居民人均文旅消费占消费总额比重超过 6%，文化旅游业成为全市战略性支柱产业。

到 2027 年，荆楚文化保护传承弘扬体系基本形成，建成大遗址保护样板区、荆楚文化传承核心区、文旅深度融合示范区和文化交流互鉴新平台。

——荆楚文化保护传承形成示范。新增 1 处国家考古遗址公园，3 处湖北省文化遗址公园，持续推进"中国明清城墙"（荆州城墙）"关圣文化史迹"（荆州城墙）联合申遗，启动"楚国都城考古遗址""楚式漆艺"申遗工作，文化遗产保护利用水平不断提升，积极创建国家文物保护利用示范区。新增列入国家级和省级非物质文化遗产名录项目 3-4 个，继续深化全市非遗系统性保护与活态传承工作，创建"中国漆艺之都"，做大做强荆楚非物质文化遗产技能传承院。

——荆楚文化成果共享效能显现。组织创作一批反映荆楚文化特色的文艺精品。引进和培育旅游演艺龙头企业，推出一批高水准的旅游演艺产品和活动。不断优化荆楚文化传承展示空间，继续办好中国楚文化研究院，建成楚文化博物院。

——文旅融合发展进一步深化。建设成为国家文化和旅游消费示范城市，荆州古城历史文化旅游区创建国家 5A 级旅游景区，纪南生态文化旅游区创建国家文化产业和旅游产业融合发展示范区，积极创建国家级旅游休闲街区等。

——荆楚文化品牌影响力大幅提升。进一步强化荆楚文化的品牌符号，持续提升楚文化节影响力，提升荆楚文化在长江文化和中华文明体系中的标志性地位，扩大荆楚文化交流对话。

到 2035 年，荆楚文化的保护传承、阐释弘扬、创新转化、传播交流、产业发展形成全国示范效应，荆楚文化国际影响力进一步提升，成为享誉世界的中华文明荆楚文化地标。

四、发展路径

（一）打造荆楚文化遗产原真性保护的"荆州样板"

坚持保护第一、加强管理，构筑荆楚文化保护治理高地。牢固树立保护历史文化遗产责任重大的观念和保护文物也是政绩的理念，正确处理好文物保护与城乡建设、经济发展、旅游开发的关系，创造性推动文物保护底线纳入流域综合治理底图单元，统筹做好各级各类文物资源资产管理，健全完善荆楚文化文物保护管理体系和责任落实机制、引导激励办法、基层治理网络。加强荆州大遗址区域性文物资源整合和集中连片保护利用，推进南方潮湿环境下大遗址保护成为全国样板。实施荆州古城保护利用工程，建好楚故都纪南城、八岭山、熊家冢等国家考古遗址公园，改善文物保存环境和环境风貌，积极开展筹备和申报相关世界文化遗产工作。

（二）树立长江文化持续性传承的"荆州典型"

坚持古为今用、推陈出新，构筑荆楚文化研究阐释高地。持续开展以考古发掘为基础的多学科综合研究，依法有序推动实施楚文化墓葬抢救性发掘，取得权威实物论证，奠定荆州的楚文化中心地位。开展荆楚文化研究协同攻关行动，高水平建设楚文化研究院，举办楚文化研究高峰论坛，推出一批具有决策影响、学术影响、社会影响的研究成果，构建荆楚文化研究理论体系和话语体系。加强荆楚文化展示利用，组织创作一批荆楚文艺精品，创新一批荆楚文化展示体验空间，建设一批数字化展示利用工程，办好楚文化节，延续荆楚文化记忆，再现荆楚文化基因，营造全民共享的荆楚文化保护传承氛围。

（三）构建区域文旅融合活态性利用的"荆州示范"

坚持活化利用、文旅融合，构筑荆楚文化创新转化高地。进一步保护好、传承好、发展利用好荆楚文化资源，将荆楚文化主动融入经济社会发展大局，培育和塑造具有鲜明荆楚文化特色的原创 IP，打造更多承载中华文化、展现荆风楚韵的文化地标、旅游景区、文化展演，推动国省市非遗项目转化利用，集聚发展文博文创产业，让收藏在博物馆里的文物、陈列在广阔大地上的遗产、书写在古籍里的文字都活起来。以文塑旅、以旅彰文，用荆楚文化浪漫的文化品格和独特的魅力丰富旅游内涵，全力打造中国荆楚文化文旅目的地，加大文旅重大项目建设，开辟文旅消费新场景，做强文旅产业增长极，推进荆楚文化旅游产业造链、延链、补链，撬动全域旅游发展，建设全国文化和旅游消费示范城市，更好满足群众美好生活新期待。

（四）塑造中外文明交流跨域性弘扬的"荆州品牌"

坚持价值引领、文明互鉴，构筑荆楚文化传播交流高地。综合运用高质量文化交流活动、新媒体平台等多种形式和渠道，源源不断地发布优质报道、输出优秀作品、展示美好形象，全方位多角度讲好州故事，向世界主动传播中华荆楚文化的价值理念与文化精髓，扩大对外影响力。加强与吴越文化、巴蜀文化开展跨区域文化的对话交流协作，全面融入中华文

荆风楚韵：湖北荆州传承发展荆楚文化研究

明、长江文化的整体性标志象征建设。加强与国内外文化机构交流合作，塑造荆楚文化地标、中华文明重要标识，擦亮荆州荆楚文化城市名片，将示范区建设成为引领推动中外文明交流互鉴的前沿窗口，让世界了解荆楚文化，让荆楚文化走向全世界。

第三节　空间格局

依托荆州市自然生态环境和荆楚文化资源分布，按照重点突破、整体推进、融合互动的原则，形成"一带引领、一心驱动、三区协作、多点辐射"的空间发展新格局（图4-1）。

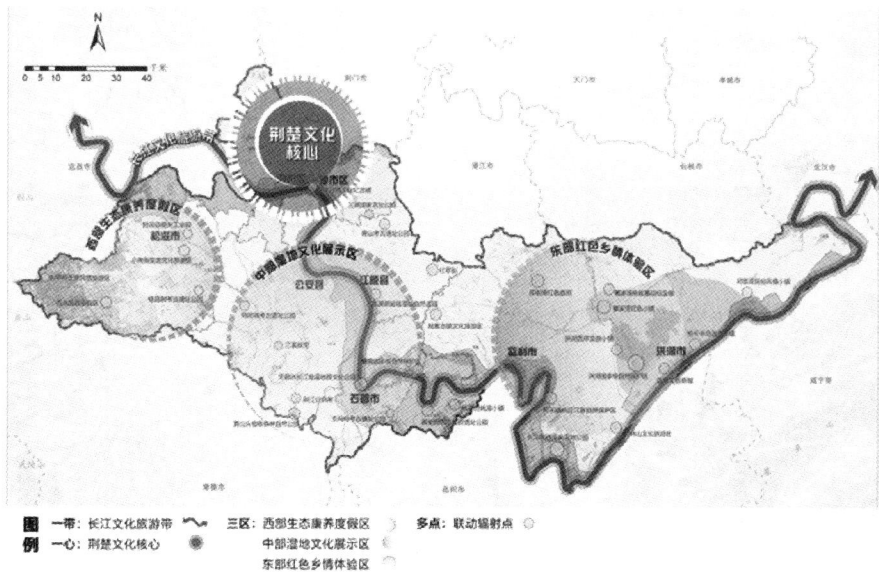

图4-1　空间格局（易莲红 绘制）

一、一带引领

长江文化旅游带：以长江黄金水道为纽带，贯穿长江荆州段，包括荆州区、沙市区、江陵县、松滋市、公安县、石首市、监利市、洪湖市8个县（市、区）。依托沿江文化遗产、水利遗产、农业遗产、生态湿地、历史文化名城、名镇名村、传统村落等资源，打造一条引领长江水文化体验、生态湿地保护和荆江抗洪治水精神弘扬的文化旅游带。

二、一心驱动

荆楚文化核心：主要包括荆州区和沙市区。以荆楚文化和三国文化为重点，以历史文化资源与精神空间再现重构、展示体验为主线，充分依托大遗址荆州片区、纪南生态文化旅游区、荆州古城和沙市城区的遗产资源、文旅项目、历史街区以及消费集聚区等要素，规划荆楚文化核心"一片三组团"的功能布局（图4-2），打造荆楚记忆溯源、景城共生一体、生态文旅示范和文旅消费集聚的"时空图景"。

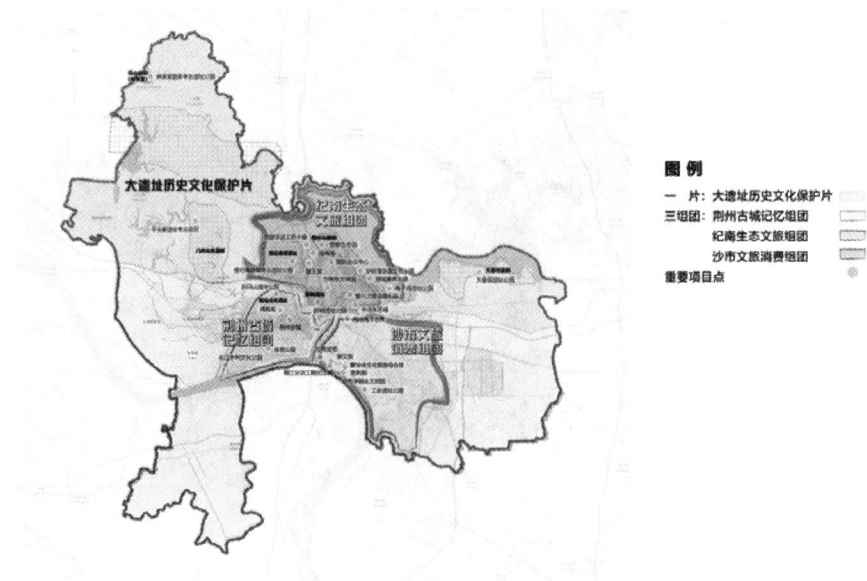

图4-2　荆楚文化核心"一片三组团"（易莲红 绘制）

大遗址历史文化保护片：依托"中华文明探源工程"，重点推进以熊家冢国家考古遗址公园为重点，涵盖八岭山古墓群、天星观墓群、雨台山

荆风楚韵：湖北荆州传承发展荆楚文化研究

墓群及郢城遗址等文化遗产的挖掘和阐发，实施"考古中国"重大项目。

纪南生态文旅组团：依托纪南生态文化旅游区荆楚非遗工匠小镇、复兴之路爱国主义教育基地、方特东方神话、楚文化博物院、楚王宫、楚辞植物园等一批极具楚文化特色的文旅融合项目和北部片区人文旅居乡村目的地特色，创建楚纪南故城国家考古遗址公园，打造生态文旅融合发展示范。

荆州古城记忆组团：大力推进古城保护疏散方案实施，实现荆州古城风貌改造和空间更新，扎实推进古城国家 5A 级旅游景区创建和世界文化遗产联合申报。依托荆州区三义街—得胜街—南纪门—胜利街西段—中山路—崇文街等街区，规划推进业态重构和功能重构，大力发展文化创意产业和夜间经济，打造"景城共生"的文化之城、生态之城、旅游之城。

沙市文旅消费组团：依托沙市洋码头文创园、荆州海洋世界、工业遗址公园、胜利街和崇文街等文旅主题园区、历史街区（建筑）、城市文化新地标，打造文旅消费集聚区和国家级旅游休闲街区，整体提升艺术文创、文化餐饮、主题娱乐和文化体验等为特色的城市新生活场景体验。

三、三区协作

充分挖掘区域长江湿地文化、红色革命文化、生态田园文化、农耕民俗文化等资源，重点打造西部生态康养度假区、中部湿地文化展示区和东部红色乡情体验区。

西部生态康养度假区：以松滋洈水旅游度假区为核心，以卸甲坪土家风情旅游区、桂花树考古遗址公园和小南海生态文化旅游区等为重点，打造以运动、健康为重点功能，辐射荆州市和周边的乡愁文化旅游度假目的地。

中部湿地文化展示区：重点以江陵、公安、石首三县市长江生态湿地环境和现代农业产业为基础，以长江湿地保护示范和生态教育科普的双重功能为依托，挖掘其农耕文化要素和内涵，发挥生态文化的体验功能，打造以长江湿地生态旅游、江汉水乡田园综合体和荆楚文化研学旅游基地为特色的重点项目群。

东部红色乡情体验区：以洪湖和监利为重点，以湘鄂西苏区红色文化为核心，以洪湖生态景观为重点，以洪湖瞿家湾、监利周老嘴、程集古镇为支撑，构筑以红色文化体验和大湖度假观光"双轮驱动"格局，带动洪湖、监利文化和旅游协同发展。

四、多点辐射

以荆楚文化为主线，充分挖掘分布广泛的历史文化资源，因地制宜在"一带一心三区"建设一批优秀传统文化保护传承与利用示范项目，加强与长江文化旅游带、荆楚文化核心和重点协作区的对接，形成多点辐射联动的格局。

第四节 组织保障

荆楚文化传承发展高地建设任重道远，必须加强组织领导，凝聚强大合力，措施到位，责任明确，形成组织有序、协调有方、保障有力、综合配套的体制机制。

一、加强组织领导

完善荆楚文化保护传承示范区建设指挥部工作机制，健全相关制度和议事规则，加强重大问题研究，完善沟通协调和工作联动机制，切实推动解决跨部门、跨领域的重点难点问题。强化分工落实责任，建立完善政府职责事项和约束性指标落实目标责任制，健全重大项目推进机制，加强工作会商和调度，实行清单管理，明确进度、要求和责任，凝聚各成员单位、各相关部门和相关区县级功能区的智慧和力量，形成上下联动、统一高效的工作机制，确保重大工程、重大政策和重大改革举措落实落地，有力、有序、有效推进示范区建设。

二、完善政策扶持

积极申报国家和省级关于大遗址保护、中华文明探源研究、"考古中国"、革命文物保护、国家文化公园建设等重点项目的政策支持和资金扶持，大力向国家、省争取文物资源密集区的特殊政策倾斜，创新示范区文化保护与传承创新体制机制。完善示范区建设配套政策，编制出台示范区文化产业发展指导目录，对符合规划的文旅产业园区和企业，在基础设施建设、土地使用、税收优惠、工商登记等方面按规定给予支持，吸引更多社会资本通过独资、合资、合作等途径，合法参与到示范区建设中。严格落实在文旅行业中扶持小微型企业的各项优惠政策，完善文化和旅游惠民政策和消费刺激措施，激活文旅消费和投资潜力。

三、突出改革创新

探索具有荆州特色的文化遗产管理模式，完善荆州城墙、熊家冢国家考古遗址公园机构建设，充实文物保护力量。创新文化遗产保护利用机制，按照文物保护和旅游发展一体化规划，预留足够旅游、研学和科考活动空间。深化文化体制改革，推进国有文艺院团、文化市场综合执法支队改革。推进涉旅文物单位管理权和经营权两权分离改革，探索实施文物建筑认养试点模式。进一步深化文物领域"放管服"改革，有序推进国有土地供应文物调查和勘探发掘前置改革，进一步简化文物行政审批程序，提升文物管理效能。

四、实施项目支撑

建立荆楚文化保护传承示范区建设的动态项目库，与国家、省市发展改革、自然资源和规划、住房城乡建设、交通运输等部门项目库联通，简化项目审批流程，协同推进重大项目建设，争取更多项目纳入国家和省重点项目库。加快优质项目孵化，围绕文化遗址保护、文化研究阐释、文化传承弘扬、文旅产业发展、文艺演出创作、公共文化服务、市场传播推广等重点领域，对接各级国土空间、文物保护、交通运输、城乡建设、生态保护等规划，谋划、储备、开工一批以创意、科技为贯穿的支撑性、引领性、标志性重大文旅储备项目。

五、强化监督评估

严格落实领导责任制，加强对规划实施情况的监督检查，构建全方位协同监督工作体制机制。完善荆楚文化保护传承示范区建设评价指标体系，科学设置考核分类和标准，通过第三方评估、满意度调查等方式，建立工作台账，实行月调度、季考核，定期通报工作进展情况，将考核情况纳入年度绩效考核重点内容，定期向社会公布考评结果，调动各级干部干事创业的积极性、主动性、创造性，引导示范区不断改善和优化文化发展环境，提升社会文明整体素质，树立国内文化保护传承示范区典型范例和良好品牌。

六、落实资金保障

进一步加大财政投入，积极争取中央省预算内资金支持，对考古发掘研究、文化遗产保护、重大基础设施建设、重大产业发展、历史街区及建筑修缮等给予支持。发起成立荆楚文化保护传承专项基金，运用资产重组、股权投资等手段撬动国家、省市各级政府的引导基金，积极承办国家相关部委主办的重点项目投融资对接活动，协调联系重点文化旅游投资公司、基金等金融机构参加示范区重点项目建设，打通文化企业、文旅项目实施的融资通道和贷款通道。鼓励金融机构创新和开发多元化、多层次的信贷产品，加大对示范区的信贷支持力度。依托荆旅集团、荆州文化旅游投资股份有限公司等国有平台公司，与项目方、资金方以及各级政府、开

荆风楚韵：湖北荆州传承发展荆楚文化研究

发运营商、第三方专业咨询服务机构等联手，构建以文旅项目为纽带、产业投资为核心、资源资金相结合的荆楚文化保护传承投融资服务平台，建立全流程的投、融、建、运一体化开发运营模式。

七、建设人才队伍

加强荆楚文化保护传承弘扬专业人才队伍建设，依托高校及科研单位，组建与荆楚文化有关的研究院所、研究中心或智库，为示范区高质量建设提供智力支撑。引进培育一支涵盖考古、文物、博物馆、文化遗产等专业知识的文博队伍，支持开展"荆楚文化名家""荆楚文化英才""荆楚文化之星"等文化人才评选活动，积极发现和培养民间文艺社团、业余队伍以及乡土文化能人、民间文化传承人和各类文化活动骨干带头人，吸引优秀文化人才服务基层。建立以岗位绩效考核为基础的荆楚文化专业人员评价制度，完善文化人才的激励机制，加强对优秀人才引进与培育的政策支持，对有突出贡献的集体和个人给予表彰和奖励。实施乡村、城市社区荆楚人才培养计划，培育优秀传统文化民间普及推广人才。

第五章　传承发展举措

第一节　加强文物保护利用

文物承载灿烂文明，传承历史文化，维系民族精神，是不可再生、不可替代的中华优秀文明资源，是加强社会主义精神文明建设的深厚滋养。要认真贯彻落实"保护第一、加强管理、挖掘价值、有效利用、让文物活起来"的工作要求，全面提升文物保护利用和文化遗产保护传承水平，力求在保护理念、管理方式、阐释利用和学科建设上有所突破，充分发挥荆州文物资源独特优势，让传统历史文化在新的时代焕发出新的生机和活力。

一、实施文物保护与科技创新工程

（一）健全文物资源管理体制

构建系统完整的保护对象体系。建立文物登记制度，进一步加强文物资源调查，全面开展全市第四次全国文物普查登记的文物点及新增文物点调查，高标准完成长江文物资源调查工作。系统整合荆州不可移动文物资源数据库、国有可移动文物普查数据库、革命文物数据库、长江文物资源数据库等，运用文物数字化采集、加工、存储、展示等现代科学技术，形成数字化摄影采集、文物三维重建、文物全景漫游等海量数字化资源，建立"数字荆楚"文物资源大数据库。健全数据管理和开放共享机制，实现全市文物基础数据数字化、信息化、规范化。

建立文物保护利用负面清单制度。全面明确文物本体、保护范围、建设控制地带红线，建立文物保护利用负面清单。充分论证项目规划选址必要性，加强工程建设前期介入，落实"先考古、后出让"工作制度。对于涉及文物保护红线的工程项目，应在土地出让、项目规划等环节予以避让；对于无法避让的工程项目，须依法履行文物涉建工程报批程序。严格工程建设全过程监管，坚决守住文物保护底线。

全面深化文物领域各项改革。着力在文物领域"放管服"改革上做示范，进一步简化面向社会、面向企业的项目审批，提升文物管理能力和服务水平，更好统筹文物保护与经济社会发展。加强大遗址区域性文物资源整合和集中连片保护利用，试行文物重大事项红黄牌警告管理机制，健全完善荆楚文物资源保护管理体系，引导激励机制、创新管理机制，积极创建国家文物保护利用示范区。

（二）加大文物安全保护力度

健全文物安全长效机制。文物安全是文物保护的红线、底线和生命线。切实履行文物安全属地管理主体责任，将文物安全工作纳入地方政府年度考核评价体系，全面推行"文物长制"。建立健全文物安全责任体系，完善部门协作共商机制，加强信息共享，实施文物安全直接责任人公告公示制度。按照文物建筑重点防火、古墓葬重点防盗掘、古遗址重点防破坏等防护要求，全面推行文物安全保护"一处一策"工作机制。加强文博单位治安防范，建立健全文物灾害综合风险监测和评估制度，明确文物安防、消防、防洪安全责任，推广科学适用的技防物防措施，提升应急管理水平，增强防控能力。实施荆楚文物平安工程，实现湘鄂西革命根据地旧址消防工程、高等级贵族墓地安防工程全覆盖。

建立文物行政执法联动机制。各级文物行政部门积极依法履行文物保护职责，集中开展检查和整治行动；加强文警联动机制，保持打击盗窃、盗掘、盗捞、倒卖等文物违法犯罪活动的高压态势，开展文物行政执法和刑事司法衔接、案情通报、案件移送。充分发挥人民群众在文物保护中的重要作用，不断完善人防、物防、技防、犬防和以宣传攻势为重点的"心防"等"五位一体"防控体系。

（三）加强荆楚文化遗产考古

实施重大考古研究计划。落实好基本考古制度。积极开展"长江中游文明化进程研究""考古中国""长江文物保护传承"等重大项目。持续推进荆楚大遗址传承发展工程，对楚国高等级贵族墓葬开展全面调查、勘探，积极开展楚纪南故城遗址、郧城遗址、江陵青山遗址、公安鸡鸣城遗址、荆州古城墙等主动性考古发掘项目，力争取得一批突破性重大考古发现。认真做好城市建设中的考古调查、勘探、发掘等文物保护工作，加强文物审批、检查监管工作。

强化科技赋能考古。建设楚文化考古科学实验室，积极开展文物保护和考古应用关键技术研究，大力发展数字考古，提升科技测年、环境考古、动植物考古等水平，推动土遗址结构加固、遗址病害长期监测预警、野外无人安全监控、适应性遥感测绘、遗址大场景数字化展示和人机互动等研发。鼓励多学科、多领域协同合作和交叉研究，构建产学研用深度融合的文物考古科技创新体系。

加强考古队伍建设。以荆州文物保护中心、荆州博物馆为重点，探索开展央地共建、省地共建、校地共建考古工作基地，与国内一流高等院校、科研院所、考古机构和省内重点科研单位合作，联合共建、挂牌一批重点实验室、科技研发平台、创新实践基地、人才培养基地。引进、培养一批考古领军人才，打造一流考古机构和团队，构建中国特色、荆楚领先的一流联合科研攻关体系。

（四）致力文物保护修复

实施重点文物保护修缮、文物展陈、消防工程，建设南方潮湿环境土遗址保护示范点，创建革命文物保护利用示范项目。支持荆州文物保护中心发展，打造漆木器、简牍、古代丝绸保护修复三大支柱，创建有机质文物保护修复国家基地。推动文保中心科研大楼新建项目，建设国家文物标本库房。加强馆藏文物预防性保护和数字化保护与利用，改善文物保存环境。加强修复技艺研发创新，实施荆州博物馆馆藏木漆器批量保护等重大文物保护项目，开展馆藏纺织品、漆木器、书画、青铜器、古籍等易损文物和陶瓷器、革命文物等重点类别文物保护修复。加强标准化建设，编制出土（水）竹木漆器文物修复师职业技能标准及培训教材，建立竹木漆器文物修复师职业技能评定体系。

二、实施荆楚文化研究阐释工程

（一）绘制荆楚文化图谱

充分发挥高等院校、科研院所等机构作用，加强统筹规划和科学布局，拓宽研究时空范围和覆盖领域，围绕楚文化鼎盛地、三国文化荟萃地、红色文化富集地、荆江文化展示地"四大支柱"，密切考古学和历史学、人文科学和自然科学联合攻关，进一步回答好荆楚文化起源、形成、发展的基本图景、内在机制等重大问题，提绘制脉络清晰的荆楚文化图谱，炼展示荆楚文化的独特精神标识，构建荆楚文化研究理论体系和话语体系。

（二）建设一流楚文化研究机构

在纪南文旅区设立楚文化研究院，发挥纪南文旅区、市社科联、市文化和旅游局在就地转化、课题研究、文化专项等方面的优势，汇聚高层次人才队伍，充分挖掘、归集、研究和推介楚文化，开展楚文化研究协同攻关行动，推出一批具有决策影响、学术影响、社会影响的研究成果，打造楚文化研究高地。

（三）举办楚文化高峰论坛

持续举办楚文化国际高峰论坛，充分利用高规格、高水平的研究平台和学术论坛影响力，广泛汇聚全球楚文化研究权威机构、知名学者及各界人士，组织举办学术会议、讲座讲演、参观联谊、成果编纂等系列活动，推进楚文化的研究推广和创新发展。

（四）打造荆楚特色"博物馆之城"

博物馆承载着历史，凝结着记忆，是看得见的民族精气神，是摸得到的文明根与脉。一座城市的文化与底蕴，被深深浓缩在大大小小的展馆内。要依托文物遗址、历史建筑、工业遗产、农业遗产、水利遗产、文化景观和非物质文化遗产等建设博物馆群，对内发挥文化地标功能，对外发挥文化客厅作用，让更多的观众走进博物馆，更加系统深刻地认知荆州历史荣光、荆楚人文气息。高水平建设楚文化博物馆（荆州博物馆新馆）、荆楚国家级非物质文化遗产馆，拓展荆州文物保护中心文博功能，打造保护传承荆楚文化的重要殿堂，成为以物传神、以古鉴今、以文化人的"大学校"。鼓励发展国有行业博物馆，积极支持非国有博物馆发展，推进监利市、松滋市、公安县、洪湖市、江陵县等县市级博物馆场馆建设。提高文物研究阐释和展示传播水平，推动研究成果及时转化为展览展示，推出更多富有知识性、原创性的主题展览，不断突出地域文化理念，彰显荆楚文化在中华优秀传统文化中的历史地位。推动博物馆数字化项目建设，建设数字展览平台，推出云展览、云直播、云教育等线上服务，让越来越多的馆藏资源打破时空局限，走出馆舍天地，走进百姓生活。激发博物馆创新活力，鼓励博物馆采取合作、授权等方式，跨界研发、生产、经营文化创意产品，打造消费新场景，培育营收新模式，让博物馆不仅是"文化吸引核"，更是"文化消费核"，探索一条聚焦传统、开发文创、文旅深度融合的发展道路。持续深入开展同世界各国的文化交流合作，广泛参与世界文明对话，拓宽中国声音的音域，推动中华文明与各国文明美美与共、和合共生，让博物馆成为增进文明交流互鉴的重要场所。

三、实施荆楚大遗址传承发展工程

（一）高水平建设楚纪南故城国家考古遗址公园

完善大遗址资源资产管理、文物保护投入、文物补偿、文物资源共享等政策，出台《大遗址荆州片区保护条例》，高标准编制《楚纪南故城国家考古遗址公园建设规划方案》，探索"政府主导＋专家坐镇＋社会投资"新模式，科学有序推进遗址公园建设。修复城垣夯土、城门遗址、护城河道、烽火台、城内外水系、宫殿基址、宫城墙基等重要景观，在核心区展示考古发掘现场，在外围建设文物展陈、数字复原、实景再现、互动体验、文化创意等功能区域，发展考古旅游、研学旅游、深度体验旅游等文旅新业态，将楚纪南故城遗址建设成为我国大遗址保护利用的重要示范区和文旅融合体验区。

（二）进一步提升熊家冢国家考古遗址公园

积极参与国家考古遗址公园联盟，举办考古公开课、青少年研学游、文物志愿者等活动。推出更多原创性主题展览，提升遗址公园博物馆展陈质量。发展"云博物馆""云展览"等线上业态，利用新媒体传播熊家冢考古重要发现。推进实施熊家冢遗址本体保护展示工程、出土文物陈列工程、环境整治和安防提升工程、旅游基础设施提升等一批重大项目，全面提升遗址公园配套设施，扩大熊家冢国家考古遗址公园核心品牌影响。

（三）积极推进申遗工作

荆州市作为牵头单位，联合宜昌市、荆门市、潜江市等地，积极筹备申报"楚国都城考古遗址"世界文化遗产。作为参加单位，继续努力推进"中国明清城墙"和"关圣文化史迹"两项联合申报世界文化遗产项目工作。

四、实施荆州古城保护利用工程

（一）完善古城保护利用规划体系

统筹推进涉古城系列规划编制工作，修编《荆州市国土空间总体规划》《荆州历史文化名城保护规划》《荆州城墙文物保护规划》，实现"三规合一"；编制《历史文化街区保护规划》《荆州环古城综合设计》《荆州古城片区城市更新详细规划》《荆州古城文旅产业发展规划》，形成完整规划体系。

（二）科学推进古城功能疏解和人口疏散

严格执行《荆州古城保护疏散三年行动计划（2022–2024）》，重点推进古城行政办公、教育、医疗等非古城主导功能先行外迁，带动人口外迁；按照"改、留、建、控、拆"的原则，加快城市更新和老旧小区改造，优化古城发展布局，实现"古城新生"。

（三）大力建设"古城小样板"

依托古城深厚历史文化底蕴，深度挖掘丰富聚集的历史、文化、自然、文博、旅游等资源要素潜力，注重植入传统与现代娱乐业、文化创意产业、特色民宿餐饮、传统美食作坊、特色旅游线路等，打造文旅融合与城市更新相结合的示范片区，让古城充满烟火气和人情味。对西门片区和太晖观片区进行整体环境整治，发展夜间经济。实施三义街、东西堤街历史文化街区提升改造工程，打造特色文旅街区。建设内环林荫路、城墙步道、外环青砖路、护城河水上游、护城河外景观于一体的"五环"景观带。

（四）谋划打造三国文化集中展示园等项目

围绕荆州古城和50余处三国遗址胜迹，场景化再现《三国演义》，擦亮"闻听三国事，每欲到荆州"文化品牌。系统梳理荆州关公文化，丰富展现形式，打造"关公朝圣地"名片；依托荆州古城、荆街等特色文化场景，融入"微演艺""流动式演艺"等展现形式，围绕三国文化谋划打造实景演艺项目。引导三国动漫、文创产业聚集发展。

第二节　加快文化传承创新

坚定文化自信，秉持开放包容，坚持守正创新，深耕荆楚文化资源沃土，精准把握荆楚文化精髓，赋予其新的时代内涵和现代表达形式，激活其生命力，推动荆楚文化创造性转化、创新性发展，在以文化人、以文惠民、以文润城、以文兴业上展现更大作为，把跨越时空、富于魅力、具有当代价值的荆楚文化精神发扬光大。

一、实施文化润城与成果共享工程

（一）加快荆楚文化元素融入城乡建设

提炼精选一批凸显荆楚文化特色的经典性元素和标志性符号，纳入城乡规划设计和建筑景观设计。依托"美丽乡村""城市更新"等项目打造一批体现荆楚历史记忆、文化特点和地域风貌的特色示范城镇、人文旅居乡村和历史文化街区。做好传统民居与历史建筑的维修、整理、修复，恢复历史风貌。

（二）构建荆楚特色公共文化空间

依托县（市、区）博物馆、图书馆、文化馆、群艺馆、基层综合文化服务中心、农村书屋等文化设施，打造一批有特色有品位的"荆楚文化"主题公共文化空间。推动公共文化设施与旅游服务设施共建共享，实施公共文化馆、图书馆、博物馆景区化改造，丰富和拓展体验消费功能。推动传统民俗活动、文化场馆纳入旅游线路，构建主客共享的新型文化空间。

（三）推进非物质文化遗产活态传承

进一步完善荆楚非物质文化遗产传承体系，强化顶层设计，制定全市非遗保护传承创新发展工作中长期规划。开展全市非遗资源普查，建设数字化资源档案库。做好国家、省级非遗代表性项目和传承人申报，加强市、县两级非遗资源的挖掘和认定，加大濒危项目的扶持力度。实施传承梯队建设，加大中青年传承人发现和培育力度，实行师徒传承、群体传承、校园传承等多样性传承模式，对集体传承、大众实践项目，积极探索认定一批代表性传承团体（群体），不断壮大传承人队伍。继续探索中国非遗保护"荆州模式"，创建荆楚文化传承创新全国示范基地。加快推动各类非遗展示场馆建设，打造"非遗在社区"示范点，设立一批非遗就业工坊，搭建非遗产品设计、展示和销售平台。着力推动非遗与旅游融合，支持非物质文化遗产有机融入景区、度假区、乡村旅游，建设荆楚非遗工匠小镇、岁时湾文化小镇等非遗主题特色文旅鲜明，推出一批非遗主题旅游线路、研学旅游产品和演艺作品，建设非物质文化遗产特色景区和乡村。

（四）积极推进"漆艺之都"建设

致力构建楚式漆艺活态传承高地，谋划打造漆器实物和漆艺文化的展示中心、漆艺传承与创新发展中心、漆器修复技艺数字化展示中心等三个中心，积极建设荆州非遗工匠（漆艺）小镇、漆产品市场交易和漆文化交流基地、漆艺研学旅行体验基地、中国漆艺学院等四个基地，探索形成以漆为主的"非遗＋科技＋设计＋文旅产业＋大漆加工产业"的全产业链发展模式，做大做强荆楚漆艺产业，引领全国大漆产业创新发展，扩大楚式漆艺的国际影响力，让古老的楚式漆艺在生活中"活"起来，在市场中"火"起来，在保护传承中绽放时代华彩。

（五）搭建文教合作平台

开展荆楚文化进校园系列服务，编写适合中小学生的荆楚文化读本读物，开设荆楚文化教育特色课程，推进戏曲、非遗、博物馆、书法、高雅艺术、传统体育、红色旅游资源等进校园。积极利用博物馆、图书馆、剧场、红色旅游景区等打造青少年教育实践基地，鼓励公共文化机构为青少年社会实践活动提供便利。建立文化和旅游系统与教育系统协同提升青少年精神素养工作长效机制。

二、实施文化艺术原创精品工程

（一）打造一批文化 IP

围绕楚文化、三国文化、长江文化等，融入时代特色和市场需求，利用现代信息技术手段、传播方式和创作方式，着力打造一批具有荆州特色的荆楚文化原创 IP，发展 IP 授权，讲好新时代的荆楚文化故事，推出一系列现象级的荆楚文化原创作品，讲好、讲活、讲透荆楚文化故事。

（二）创作一批文艺精品

依托市文联、市作协、市艺术研究所，组织楚文化专家学者前往楚文化遗址探访采风，不断推出有较高学术价值和重大现实意义的创作成果。系统谋划、精心打磨，推出《荆楚民间音乐艺术》《三国文化简明读本》

《楚文化简明读本》等系列读物，鼓励创作楚文化主题中长篇小说等文学精品。

（三）推出一批舞台精品

加强艺术创作规划和统筹，抓好现实题材、革命题材、历史题材创作，推出一批思想精深、艺术精湛、制作精良，体现时代精神、彰显荆楚文化特色、富有艺术感染力的优秀舞台作品。鼓励国有文艺院团和艺术研究所整理改编一批汉剧、荆河戏等主要戏曲剧种的经典保留剧目。

（四）制作一批视听精品

鼓励更多电影、电视剧来荆州取景拍摄，打造新型影视基地。重点支持荆楚文化特色的大剧创作生产，实现"一部剧、一部电影带活一座城"。统筹协调全市网络视听制作资源，推出一批传播主流价值、具有荆州辨识度的优秀电视剧、纪录片、动画片、广播电视节目和公益广告，充分利用网络直播、短视频、公众号等新视听媒体形式，强化在移动端、社交平台的精准化投放。

（五）孵化一批网络精品

建立完善网络视听重点作品种子库、优秀题材库，人才专家库，形成规划一批、储备一批，实施一批的重点选题创作生产格局。引导全市网络视听从业机构，创作传播更多传承中华优秀传统文化、蕴含社会主义核心价值观、记录书写讴歌新时代的网络精品，推出一批优秀网络剧、网络电影、网络纪录片、网络综艺、网络动画、网络微短剧，提高网络视听作品的精神高度、文化内涵和艺术价值。

（六）开发一批文创精品

加大主题文创产品开发力度，强化价值阐释和传播，进一步激发遗产活力。持续举办文创产品设计大赛，不断推出文创精品。充分利用5G、VR、AR、元宇宙等现代信息技术，推动红色文化活态化、场景化，增强游客互动性、参与度。充分利用文博场馆、非物质文化遗产等资源，研发设计具有鲜明荆州特色的文创系列产品。

三、实施文化产业增量提质工程

（一）壮大文化产业市场主体

扶持发展文化企业集群。引进国内外大型文旅主体、专业运营公司和战略投资者。鼓励本地企业强强联合，支持企业跨地区、跨行业、跨所有制兼并重组，组建大型文旅集团，着力培育独角兽企业，支持有实力的文化企业上市。推进国有景区、涉旅文物单位等体制改革、整合重组，提升市场化运作水平，推动培育一批以文化为主业、以融合发展为特色、具有较强竞争力的旗舰企业。积极搭建产业创新创业服务平台，鼓励和扶持中小微文化企业精品化打造、多样化开发、融合化发展，扶持和培育一批科技含量高、市场前景好、业态发展潜力大的本土成长型文体旅企业。争取打造8—10个功能齐全、配套完善的特色文化产业聚集区，提升示范区文化产业规模化水平。

提升文化产业园区发展能级。推动纪南生态文化旅游区创建国家文化产业和旅游产业融合发展示范区，为未来建成国家级文化产业园示范园区创造基础。依托高等院校、科研机构等创办文化科技园或创客空间，建设一批特色"区中园""园中园"，借力大园区平台，整合政策、平台、技术、人才等资源，发展壮大重点文化产业示范园区、创新实验区、文化与科技融合示范基地。支持重点文化产业示范园区基地加强创意研发设计中心、文化产品展示体验馆、网络营销平台、文化产业产学研合作基地、众创空间建设，增强示范引领、辐射带动作用，做大做强文化产业综合载体，使其成为文化企业的孵化器和产业发展的助推器。

（二）着力发展特色文化产业

激活发展文博文创产业。加快补齐文博产业的基础设施短板，推进荆州博物馆新馆建设，将楚文化博物院纳入长江国家文化公园（荆州段）重点项目库，全面推进各级各类博物馆建设，打造具有荆楚文化特色的博物馆体系。不断提升博物馆展陈能力，积极应用网络科技手段、拓展新媒体平台，通过藏品数字化、网络直播、线上展览等方式，全方位促进博物馆数字化，推动智慧博物馆、流动博物馆建设，积极发展云展览、云课堂、云教育。全面激发文博文创开发活力，大力支持文创园区、文创示范购物街区等建设，发展文创展会经济，举办文创消费周，开辟文创消费新场景。强化创意驱动，促进跨界融合，把线上线下、IP授权、设计制作等有机结合起来，激活文博文创产业发展新业态，培育具有荆州特色和市场影响力的文创品牌。

加快发展数字文化产业。着力培育数字文化市场主体，招引龙头企业，扶持一批中小微企业发展；做优做强楚文化数字产业园，着力发展数字传媒业，丰富园区数字文化业态。培育和塑造具有鲜明荆楚文化特色的原创IP，发展网络演艺、网络文学、网络音乐、数字动漫等产业形态。支持文化文物单位、景区景点、主题公园、园区街区等运用文化资源开发沉浸式体验项目，开发沉浸式旅游演艺、沉浸式娱乐体验产品。加强数字内容创作生产，积极发展云演艺、云展览等新业态，整体谋划湖北数字视听产业园荆州园区的建设工作，力争建成1-2家数字视听产业园。

培育发展影视演艺产业。加快影视业发展，推动《文化中国》电影活力小镇项目落地建设，延伸拓展产业链条。立足楚文化挖掘，打造一台精品演出。加快推进楚肆水街开园运营，推动北京观印象公司和山水盛典公司大型实景演出项目在纪南文旅区落地，创新演艺形式，丰富演艺内容。发挥短视频平台引流作用，鼓励民众创作体现本地特色的网络音乐、网络作品。

创新发展文化制造产业。积极承接东部地区先进文化制造业转移，大力推进文化制造业创新发展，加强特色文化制造产业基地培育，支持玖龙、仙鹤等百亿级产业发展。继续招引一批内容创作生产、文化辅助生产和中介服务、文化装备生产企业落地荆州，丰富文化服务业结构和比例。着力推动文化及其相关产业企业进规，提升文化产业地区生产总值比重消费占比。

振兴发展工艺美术产业。实施传统工艺振兴计划，评选一批荆州工艺美术大师，推选一批非遗传承人，支持非遗工坊、传统工艺大师工作室、重点工美产品创新和技术研发中心等建设发展。围绕具有市场前景的楚绣、楚式漆器、玉雕等系列民间工艺，加快技术改造，开展技法创新、工艺创新和材料创新，推动现代技术在工艺美术行业的开发和运用，开发适应现代市场需求的文化产品和服务，着力打造具有荆楚特色的工艺美术品牌。建设荆楚传统工艺美术一条街，举办荆楚民间工艺美术节，开展荆楚工艺美术作品巡回展，扩大荆州工艺美术影响力。

第三节　加深文旅融合发展

文旅融合是荆楚文化传承发展的关键途径，是推动地方经济社会发展的重要引擎。要遵循"以文塑旅，以旅彰文"原则，找准文化和旅游的最大公约数、最佳连接点，推动文化和旅游在各领域、多方位、全链条深度融合，实现资源共享、优势互补、协同并进，让文化"流量"真正转化为推动地方经济发展的强大"增量"。

一、实施旅游全产业链打造工程

（一）培育产业融合发展新业态

持续推进"文旅＋"产业融合发展战略，培育文化旅游与多元产业融合发展新业态，构建荆楚特色文旅融合发展新亮点、新名片。

推进"文旅＋农业"产业融合。结合国家乡村振兴战略，夯实江汉平原现代农业基础，加强传统村落与历史文化名村保护，打造一批星级休闲农庄、田园综合体、精品民宿、乡村研学基地、特色旅游村镇和精品线路，打造"荆楚特色，江汉水乡"乡村旅游品牌。

推进"文旅＋工业"产业融合。抓好工业设计和产品创意创新，推动新兴文旅装备制造业发展。充分挖掘洋码头文创园、松滋白云边、小胡鸭工业厂房等工业资源，建设工业博物馆、工业遗产主题公园、工业旅游示范基地。

推进"文旅＋商贸"产业融合。以荆州古城、洋码头文创园、荆州海洋世界为重点，培育一批体验式、场景式、沉浸式文旅消费休闲精品和品牌，打造一批国家文化和旅游消费夜间集聚区、旅游休闲街区、文旅商贸综合体等文旅与商贸联动的样本，强化文化旅游与商贸购物、商务会展结合，积极创建国家文化和旅游消费示范城市。

推进"文旅＋教育"产业融合。拓展荆楚文化研学旅行，依托国家文化公园、风景名胜区、国家考古遗址公园、大遗址、博物馆等建设一批研学实践教育基地和景区，重点开发楚文化溯源研学、长江水利研学、名人文化研学、红色教育研学、乡村体验研学等系列产品和线路，培育一批研学旅行精品课程，创建一批国家、省、市级研学旅行基地（营地），积极打造全国研学旅行示范城市。

推进"文旅＋健康"产业融合。以洪湖大湖、松滋洈水、石首桃花山为重点，全面布局大健康旅游产业，开发运动康体游、森林清肺游、文化养心游、乡村养老游、温泉疗养游、食疗养生游等康养产品，引入建设专业医疗养生养老项目，完善产业配套，打造一批中医药康养旅游示范区和健康旅游示范基地。

推进"文旅＋体育"产业融合。利用洈水、洪湖、黄山头、长江沿线等场地资源，重点建设洈水运动休闲小镇、荆州海洋世界三期冰雪运动项目、六合垸三农航空营地，配套运动基地、健身绿道、骑行驿站、低空飞行、汽车营地等休闲运动场设施与活动赛事，培育一批体育旅游融合型企业和运营机构，促进特色体育运动活动和群众性体育活动的旅游化开发，做大文旅体融合产业规模。

（二）提质升级荆楚文旅产品

深入推进文旅产品提质升级，着力打造以楚文化体验为特色，集三国文化体验、水利文化教育、红色文化体验、长江湿地科普、乡村休闲度假等于一体的，独具荆楚风韵特色的文旅产品体系。

"楚国盛世"楚文化旅游产品。以纪南生态文化旅游区和大遗址荆州片区为主体，以文化遗产旅游和楚文化风情体验为两大主题，以"楚都、楚城、楚王陵"为核心，重点开展"一城"（楚纪南故城遗址）、"一园"（熊家冢国家考古遗址公园）、"一陵"（八岭山高等级贵族墓群）、"一院"（楚文化研究院）项目建设，引入现代科技手段全方位、立体化、多维度再现以"楚国盛世"场景；通过文化鲜明的地标建筑、身临其境的文化演艺、参与性强的文化空间设计和数字化的技术应用，在纪南生态文化旅游区建设荆楚文化大观园、纪南·楚肆水街、郢都楚文化展示区、荆楚国际会议中心等文旅融合项目，推出一批文化遗产旅游产品和精品线路，打造楚文化旅游目的地。

"三国风云"三国文化旅游产品。以荆州古城为重点，三国文化为线索，结合荆州古城保护疏散和国家 5A 级旅游景区创建工作，重点打造荆街三国文化街区项目，整合春秋阁、关帝庙、关羽祠、三义街、洗马池、得胜街、公安门等三国文化景点，丰富古城休闲业态，做大夜游市场，建设三国文化旅游核心区。同时串联偃月城、乌林赤壁古战场、刘郎浦、曹鞭港、华容道、绣林山等三国故事传说以及丰富的关圣文化史迹，打造荆州三国文化精品线路。

"荆江抗洪"水利文化旅游产品。以荆州人民在中国共产党领导下取得的抗洪重大胜利为主题，弘扬"98抗洪"精神，践行新时代水利行业精神，以荆江沿线抗洪、治水等水文化展示和水利遗迹为重点，建设长江抗洪精神展示馆，提档升级荆江水文化馆、"98抗洪"纪念园、江陵铁牛矶、公安荆江南北闸水利风景区、石首调关矶头、监利滨江公园、沧水大坝工程纪念园等治水文化景点建设，推进荆江水文化展示带建设，统一荆江抗洪品牌和标识系统，通过长江黄金水道水上游线和沿江风景绿道串联，打造荆江抗洪精神和长江水情教育体验带。

"红色湘鄂西"革命文化旅游产品。以洪湖湘鄂西革命根据地为核心，深入挖掘湘鄂西红色革命精神，统筹与历史文化、生态乡村深度融合，高标准建设洪湖红色文化生态旅游度假区，重点推进湖北湘鄂西革命斗争展示园、复兴之路爱国主义教育基地、瞿家湾红色小镇、"红色首府"周老嘴红色古镇、桃花山红军学校等项目建设，加强革命文物保护管理运用，充分发挥革命文物在党史学习教育、革命传统教育、爱国主义教育等方面的重要作用，建设一批红色旅游小镇、红色文化主题村、精品红色旅游展馆和红色研学旅行基地，积极开发革命历史展示、红色研学教育、红色体验拓展、红色剧场演艺等体验产品，打造省内外知名的红色教育基地和红色旅游目的地。

"美在荆江"长江生态旅游产品。依托长江水道以及沿线生态湿地环境，以"长江湿地，生态科普"为主题，整合石首天鹅洲、中洲子以及监利老江河、上车湾等长江故道湿地公园集群，以长江故道为统一品牌标识，打造长江故道生态廊道；建设石首天鹅洲长江故道地理文化公园，以江豚、麋鹿等国家级珍稀动物为亮点，积极开发生态观光和科普研学产品，打造长江流域湿地物种基因库和长江中游第一生态课堂；依托荆江大堤及沿线优美的生态环境，结合城区荆江风情带、城市滨江公园及沿线湿地公园和自然保护区，推进风景道沿线游客中心、驿站、观景平台、停车场、旅游厕所等配套设施和标识系统建设，打造百里长江"美在荆江"风景道，将荆州长江带打造成为长江流域湿地保护利用典范。

"江汉水乡"乡村休闲旅游产品。树立"江汉水乡"农耕文化品牌，结合人文旅居乡村建设，重点推进以荆楚乡村十里画廊、喜文化民宿公园、三湖黄桃小镇为代表的环城都市休闲农业，以乘风村、珂里湾慢游小镇、程集古镇为代表洪湖水乡民俗度假，以卸甲坪土家风情小镇、沱水运动休闲小镇为代表的沱水山水旅游度假，以"桃源千里"景区、三菱湖湿地公园为代表的桃花山生态乡村休闲等四大乡村旅游集聚片建设。重点培育亲子游乐、生态教育、养生养老、康体运动、艺术研修、共享农庄、线上云游等乡村旅游业态，扶持一批美丽乡村、特色小镇、精品民宿、现代农业休闲园区、田园综合体等示范项目，打造彰显荆楚农耕文化、承载现代生活的乡村旅居目的地。

（三）提升全要素文旅服务

挖掘提升"荆楚味道"。创新开发新派楚菜，打造三国文化宴、楚王宴、七星宴、全鱼宴、红军宴等品牌"楚宴"；以白云桥夜市城、九老仙都特色夜市街、红星南路老饕街、海洋世界特色夜市街、大赛巷美食街等美食街区为代表，挖掘具有荆楚特色的民间传统小吃，打造一批以地方特色小吃、品牌餐饮为核心吸引物的新型旅游景区和街区；发展美食街、餐饮夜市、主题饭店、演艺型饭店，鼓励扶持一批荆州本土餐饮企业和特色菜品牌店；举办荆楚美食大赛，设计荆州美食地图，打造荆州美食游线路，打响"荆楚味道"品牌。

推出多元"荆州夜宿"。对接武汉地区微度假群体，建设亲子酒店、度假酒店、主题酒店、乡村酒店等，培育有竞争力的住宿品牌；围绕特色文化资源，打造楚文化、三国文化、温泉文化、红色文化的文化主题酒店。引进国际国内著名品牌酒店，适度发展集会议、度假、疗养等功能于一体的高星级度假酒店。鼓励发展精品民宿、汽车旅馆、房车营地、度假树屋、帐篷营地、集装箱酒店等特色度假设施，创新多元旅游住宿体验。

打造特色"荆州礼物"。结合文创商品征集竞赛和乡村旅游后备箱工程，鼓励社会团体、个人参与"荆州礼物"的设计、研发及销售；加强"荆州"公共品牌建设，推出楚绣、磨鹰风筝、楚式漆器髹饰、郢城泥陶等"荆楚手工"系列非遗产品，楚文化、三国文化、长江文化等为原型的文创产品，以及江汉大米、洪湖莲藕莲子、洪湖大闸蟹、三湖黄桃、荆州鱼糕等土特产品，严控质量，统一标识，积极开发特色旅游食品和旅游日用品，打造"荆州礼物"品牌。搭建"荆州礼物"电商平台，重点完善购物商圈、休闲街区、旅游商品店、文创集市、手作工坊等旅游购物设施，打造体验式购物空间。支持综合型加工、销售、物流企业发展，构建文旅商品加工销售体系，延伸拓展文化和旅游产业内涵与外延，增加高品质荆州文旅商品供给。

发展精品"荆州游娱"。充分挖掘民间习俗和传统艺术文化，鼓励楚文化、三国故事、红色革命、抗洪精神为主题，开发集创意设计、高科技舞台技术、高质量歌舞表演等为一体的旅游演艺新产品。组织开展汉服游园、夜间灯会、光影秀、音乐节等体验式娱乐活动，支持景区开展亲子游娱、冒险拓展、野外露营、水上娱乐、低空飞行等户外休闲娱乐产品。突出"健康、时尚、快乐"主题特色，积极应用现代人工智能、沉浸式 3D、虚拟现实交互动漫技术等，建设打造一批新型健康的主题娱乐区、文化公园和游乐园，培育主题原创、实景体验、寓教于乐的文化娱乐精品，发展多姿多彩的酒吧、茶室、视听、网吧等文化休闲产品，打造主题娱乐旅游新业态新产品。

二、实施文旅消费提质工程

进一步推进国家文化和旅游消费示范城市建设，出台促进文旅消费优惠政策，优化文旅产品结构和业态，提升全要素文旅服务，打造文化和旅游消费新业态。

（一）深化文旅融合创新

以文化提升旅游的内涵品质。深入挖掘荆楚文化资源特色，将荆楚特色文化内容、文化符号、文化故事融入旅游项目建设，推动非遗展演项目、传统文化艺术进重点旅游景区、街区，提升旅游载体的文化内涵。深挖荆楚文化标识内涵，培育一批富有文化底蕴的旅游景区、旅游度假区、旅游休闲街区、非遗旅游体验基地和夜间文化和旅游消费集聚区，提质升级文化遗产旅游、文博会展体验、非遗文创休闲、主题旅游演艺、红色研学教育、沉浸式体验消费、文化主题度假等"文化+"体验型旅游产品，促进旅游从传统观光型向复合功能型转型升级。

以旅游促进文化的传播消费。以旅游景区、度假区、旅游街区、特色村镇、文旅场馆等重要旅游载体为依托，用好导游、游客、媒体等传播渠道，让旅游成为荆楚文化传播和时代价值弘扬的重要窗口。积极整合各类博物馆、美术馆、图书馆、剧院、小剧场、非遗传习所等重要公共文化空间，拓展旅游服务功能和业态，并将其纳入旅游线路，打造成为主客共享的美好生活新空间和文化旅游目的地。加快推进"中华文明荆楚地标"文化名片的旅游开发和宣传，通过旅游让"楚国故都""三国名城""美在荆江"的文化符号走进生活，提升荆州荆楚文化的认知度和影响力。

提质升级高品质文旅融合载体。重点实施"精品荆楚文旅景区提质行动"，积极创建国家5A级旅游景区、国家级旅游度假区，强化4A级旅游景区品质，借助特色产业打造文旅小镇，积极培育一批田园综合体、全国休闲农业与乡村旅游星级精品园区、乡村旅游民宿集群等乡村旅游品牌产品，高标准布局一批研学旅游示范基地、爱国主义教育示范基地、夜间文化和旅游消费集聚区、旅游休闲街区、体育旅游示范基地等特色文旅融合项目，打造精品主题旅游线路。

科技助推文旅融合效能提升。坚持科技创新引领，加强现代科技在文物考古与保护领域的引进利用与技术创新，推动文化遗产的复原复现、古建筑还原、永续利用和有序共享。以科技创新为驱动推动文化和旅游产品的迭代升级，培育壮大线上文旅新业态，升级打造主题数字互娱、沉浸式演艺、数字博物馆、线上全景游等为代表的数字文旅产品，拓展文化和旅游的消费空间，促进文化和旅游生产方式、体验方式、服务方式、管理模式创新，将荆州建设成为文化和旅游数字化示范城市。

（二）激发文旅消费活力

丰富体验式文旅消费空间和场景。每年打造 30 个以上文旅消费新场景，从人文古韵、文物文博、红色旅游、非遗研学、山水美景、乡村振兴、亲子娱乐、荆楚美食、民宿露营、文艺书店、文商旅综合体、文创商品等方面，持续发掘文旅消费热点场景。引导博物馆、图书馆、群艺馆、剧院、非遗展示馆等文化场所体验式消费场景打造，支持古城小样板、章华寺文化旅游综合体、荆州冰雪运动项目、洋码头文创园、洪湖文旅新城等城市功能区文旅融合业态提升，打造年轻化体验旅游区。引导重点景区景点策划沉浸式、体验式、场景式文旅项目，支持荆州博物馆精品展陈、荆州方特花车巡游、楚王车马阵考古体验、沧水旅游区运动休闲、荆州海洋世界娱乐体验、洪湖悦兮半岛温泉养生等体验式产品开发。发展智慧景区、虚拟景区、数字图书馆、数字博物馆等消费新业态，推动线上线下文旅消费融合创新。

开展夜间文旅消费升级。进一步推进纪南文化和旅游集聚区国家级夜间文化和旅游消费集聚区建设，推出"博物馆之夜""24 小时书店"、夜间美食街、夜游文创集市等夜间文旅业态，迭代升级荆州古城光影秀、沙市洋码头奇幻光影世界、荆州园博园新春灯会、郢城文化园九歌烟火、"船"奇荆江等夜间旅游产品和夜间主题亮化，支持荆州古城、主要商业区、重点景区和度假区开展夜间游览服务，做优纪南生态文化旅游区、沙市洋码头、荆街等夜经济集聚区，打造以夜间美食、演艺剧场、手作体验、地标打卡、民俗体验、文化节庆、灯光表演等为特色的夜间消费体验街区。

创新发展非遗文旅消费场景。推进荆楚非遗工匠小镇、岁时湾非遗文化小镇等以非遗为主题的文旅小镇建设，创新发展非遗体验与演艺旅游产品，鼓励非遗旅游纪念品手作体验与售卖进景区、街区，支持传统非遗演艺在光影秀、歌舞剧院、实景演出、场景 VR/AR 体验、景区快闪、音乐会、小剧场、线上剧目等新场景的产品开发。

办好爆点性的文旅节会活动。积极承办或举办"国家考古遗址公园联盟联席会""国家考古遗址公园文化艺术周""荆楚大遗址保护高峰论坛""中华荆楚文化发展论坛""长江湿地保护高峰论坛"等专业性学术论坛。深挖荆楚节庆资源，创意荆楚国际文化旅游节，开展"楚文化节""荆州国际龙舟节""国际三国文化旅游季""沮水·户外运动大会""荆楚美食节""荆州马拉松大赛""荆楚乡村文化旅游节"等旅游节事活动，进一步打造荆楚文旅节庆品牌，提升示范区人气和影响力。

（三）提升文旅配套设施品质

提升全域文旅集散服务和设施配套。依托荆州市高铁站、沙市机场等重要节点，加强配套设施建设，打造集旅游服务、商品展陈、中转联运等功能于一体的综合旅游服务和荆楚文化展示的"窗口"。围绕旅游六要素，完善市、区、县、乡镇游客服务功能，构建集游客中心、旅游驿站的旅游服务体系。支持重点景区 A 级旅游厕所、生态停车场建设。依托风景廊道、绿道系统、旅游游线完善标识系统、自驾车营地等设施。不断完善景区水电、安防、医疗、消防、应急救援系统等设施，提升全域旅游服务品质。

构建快旅慢游交通体系。完善连接示范区内重要片区、主要景区、重点乡镇交通网络，规划建设全域旅游环线。赋予"两江两河"干线航道特色旅游交通功能，完善沮水、洪湖湿地、长湖等水上旅游航线、码头及水陆换乘系统建设，打造荆楚水乡水上游线；加快推进荆楚旅游公路、景区快速通道、文旅绿道、旅游客运专线、交通枢纽站点等，改善景区进入性，优化提升旅游交通换乘服务，发展完善自驾车租赁服务，实现"城景通""景景通"的"快旅慢游"交通体系。

三、实施文旅品牌培育传播工程

（一）培育荆楚文旅品牌体系

构建荆楚文旅IP矩阵。以打造"中华文明荆楚地标"为总体定位，构建"游荆州古城，品荆风楚韵""活力慢城，时尚沙市""英雄水乡，多彩洪湖""浥水白云边，乐乡金松滋"等文旅IP矩阵。支持建设一批文旅品牌营销创新基地，孵化一批具有较高传播力和影响力的文旅品牌。办好楚文化节、楚文化传承发展高峰论坛、中国龙舟公开赛等节庆活动和品牌赛事。积极开展"漆艺之都"、全国羽毛球示范城市等特色创建。推动文旅宣传推广与城市经济发展、节庆品牌塑造、商务环境改善等互动发展和一体发展。

聚力打造城市名片。积极开展荆楚文化旅游形象品牌标识和宣传口号征集活动，打造综合性城市名片。立足创建长江国际黄金旅游带文旅消费集聚区、江汉平原青年理想生活城市的定位，开发主要产品、辅助产品、主打线路、周边联动"四大产品"，开展全渠道、全季节、全节庆"三大营销"，落实政策机制、品牌注册、培训服务"三大保障"，创建名城、名镇、名村、名景、名街、名店、名著、名剧、名角、名赛等文旅"十名"产品，全力提升荆州文旅显示度、活跃度、知名度、美誉度。

（二）着力构建现代传播体系

加强传播能力建设，综合运用大众传播、群体传播、人际传播等多种方式展现荆楚文化魅力，让收藏在博物馆里的文物、陈列在广阔大地上的遗产、书写在古籍里的文字都活起来。加强新媒体宣传推广，推动跨区域旅游创新协同和支持机制建设，实施荆楚文化旅游宣传推广联盟示范建设专项行动。顺应信息化传播趋势，完善移动客户端、微信、微博等传播网络，为群众感受学习荆楚文化提供便捷优质的网络资源。在广播电视、报刊等媒体上开辟专题专栏，把握好时、度、效，提高传播质量和水平，增强文化传播的吸引力和参与性。

（三）密切区域文旅协作交流

积极推进与长江黄金旅游带、长江国家文化公园、长江中游城市群、宜荆荆都市圈、武汉都市圈、洞庭湖生态经济区以及高铁沿线城市的旅游合作；加强与长江国际黄金旅游带上各城市互动联合，融入"国际黄金水道"长江游轮旅游线路与"中国景观大道"G318自驾旅游线路开发，构建互利共赢的文旅合作发展新格局；深化洞庭湖生态经济区文旅联盟合作，推进省文旅厅组织的鄂湘赣三省旅游一卡通工作，跨区域组建文旅发展联盟。

推进宜荆荆都市圈文旅一体化发展。共同发起成立宜荆荆都市圈文旅一体化发展促进联盟，重点推进都市圈整体文旅开发、大数据共享、品牌共建、文化惠民、市场共拓等项目，通过区域协同、共建共享机制建立，打破城市行政体制壁垒，建设跨地域的文旅融合共同体，打造成为链接武汉都市圈和成渝都市圈的区域性都市圈，并辐射渝东、鄂西、湘西北、贵东南地区，实现跨区域文旅联动发展。

协同策划精品线路。加强与邻近省市、同类主题景区、产品、活动的交流合作，携手策划以宜昌三峡山水游览和三峡工程体验、荆门明显陵世界遗产观光以及荆州方特娱乐度假产品、楚文化遗址及古城体验为依托的"宜荆荆"都市圈风情体验之旅；以十堰武当山、神农架、恩施、宜昌三峡、荆州、武汉、随州炎帝神农故为依托的湖北荆楚文脉溯源之旅；当阳、宜城、荆州纪南城、武汉、鄂州、信阳、淮阳、长沙、临澧、寿县为依托的中华楚文化探源之旅；以成都武侯祠、洛阳关林庙、邯郸铜雀台、亳州古城、无锡三国城、荆州古城、襄阳古隆中、赤壁古战场为依托的三国群雄经典故事之旅；以长江三峡、荆州古城、岳阳楼、洞庭湖、武汉黄鹤楼、九江鄱阳湖、南昌滕王阁为依托的长江中游经典游轮之旅；以浏阳、平江、韶山、长沙、南昌、井冈山、瑞金、大别山、武汉、洪湖为依托的湘鄂赣红色革命之旅等主题丰富的跨区域旅游线路，通过跨区域城市之间资源共享、客源互流、市场共建、信息互通、文化互融、节庆互动、利益共享，协同开展旅游推介、产品开发。

（四）提升荆楚文化国际影响力

扩大荆楚文化国际消费市场。优化整体旅游环境，加强对外宣传，在服务质量上多举措提振入境旅游消费，巩固港澳台地区、韩国、美国、日本、法国等传统客源市场，大力拓展欧盟、东盟、非洲等国家文化旅游市场，加强与国际旅游联盟、"一带一路"沿线各国、长江黄金旅游带城市以及长江中游城市群的定向合作，共同打造跨省区的特色精品游线和文旅产品，壮大荆州荆楚文化的国际受众群体，推动荆州荆楚文化走向海内外。

加强荆楚文化对外交流传播。积极承办举办荆楚大遗址保护高峰论坛、中华荆楚文化发展论坛、长江湿地保护高峰论坛等专业性学术论坛。利用我国与世界各国文化合作交流机制框架，发挥好文化年、旅游年、青少年交流年等平台作用，开展荆州"中华文明荆楚地标"的文化品牌推介宣传，综合运用出境综艺表演、文博展览、民俗庙会、图书展销、广播影视等多种形式和渠道，向世界主动传播中华荆楚文化的价值理念与文化精髓。服务"一带一路"倡议的战略实施，依托我国驻外机构、海外文化中心、中资企业、友好合作机构等资源，举办"一带一路"海外荆楚文化节，筹划"荆楚文化国际主题巡演"，筹办"荆楚—希腊文明对话交流"活动，讲好荆楚文化故事，加强与"一带一路"沿线国家和地区的文明互鉴与文化交流，提高荆楚文化的国际影响力。

第四节　聚焦落实十大任务

建设荆楚文化传承发展高地，坚持干字当头，落实为要，蹄疾步稳谋新篇，踔厉奋发创佳绩。当前一个阶段，需要聚焦落实以下十大任务。

一、"楚国都城考古遗址"联合申报世界文化遗产

如前所述，现今的湖北是楚国建立和发展的中心区域，楚人都郢（纪南城）而强，楚文化的精华在这里产生，也是荆楚文化、长江文明的重要源头。迄今地面仍保留有规模宏大的城垣遗迹，地下埋藏着丰富的文化遗存。1961 年，荆州楚纪南故城被列入第一批全国重点文物保护单位。2010 年，国家文物局和湖北省签订协议，共建以楚纪南故城为核心的国家大遗址荆州片区，涉及荆州、荆门、宜昌、潜江等地市，面积约 500 平方千米，涵盖楚纪南故城、八岭山、熊家冢、雨台山、天星观、马山、纪山、青山等古墓群和龙湾遗址等多处大遗址。同年，立项建设楚纪南故城国家考古遗址公园。2014 年，湖北省委省政府提出在楚纪南故城遗址上建设纪南生态文化旅游区，打造成"世界遗产、中国品牌、湖北代表"。当前，湖北全省上下正全力推进荆楚文化创造性转化、创新性发展，加快建设更具活力、更具魅力、更具时代感召力、更有影响力的文化强省，以申报世界文化遗产作为切入点、发力点和结合点，可以充分激活文化文物的内在价值，致力于打造湖北的"中国形象"和"世界名片"，提升荆楚文化软实力，增强中华文明传播力影响力，为奋力谱写全面建设社会主义现代化国家荆楚篇章汇聚强大的力量，推动湖北文旅文博工作再上新台阶，更好助力湖北高质量发展和先行区建设。

有鉴于此，可以参考希腊的经验作法，以楚纪南故城为核心、大遗址

荆州片区为重点，有机整合其他地区不同时期的楚都（城）遗址及其文物文化资源，联合申报"楚国都城考古遗址"世界文化遗产。并以申遗工作为契机，深入开展以考古为基础的楚文化多学科综合研究，系统调查勘探楚国高等级贵族墓葬，力争取得一批突破性重大考古发现，同时健全完善申遗地保护设施，综合整治申遗地环境，提升遗产保护管理能力，打造楚文化保护研究展示高地，深化文化和旅游融合创新，建设国际知名的文化旅游目的地。

一是筑牢夯实申遗基础。由湖北省文物部门开展专项调查研究，全面摸清湖北楚文化遗产资源状况，做好整理、抢救、修缮等基础工作，建立起更有效的保护机制。组织专家学者进行专题论证规划，为申遗提供理论支撑和技术支持，做好前期准备工作。切实加大有计划有针对性的宣传，营造申遗的良好社会氛围，积极策划推介楚文化文旅项目，不断推进楚文化品牌建设，持续提升楚文化的国际国内知名度和美誉度，让楚文化成为推动湖北和荆州高质量发展的最深厚的文化软实力。

二是建立健全申遗机制。认真贯彻落实习近平总书记关于申遗工作和历史文化遗产保护的重要论述和指示批示精神，进一步深化与文化和旅游部、国家文物局的合作，获得政策支持和业务指导；同时加强与湖南、河南、安徽等省的联络沟通（跨省联合申遗项目不受数量限制）。在条件具备时，经协商明确湖北省为牵头省份，荆州市为牵头城市，正式启动相关申报工作。适时成立省级申遗工作领导小组，组建工作专班，建立跨省、跨区域、跨部门统筹协调机制，明确职责分工、目标任务和实施路径，凝心聚力形成申遗强大合力，扎扎实实地推进各项工作，弘扬荆楚文化，展现中国价值。

二、"中国明清城墙"联合申报世界文化遗产

中国明清城墙是中国传统农耕文明的核心物质要素，展现了多民族统一国家不同级别城市差序格局的逻辑体系，反映了中国传统宇宙观、风水

堪舆、人地和谐及天人合一理念的实践成就。中国明清时期城墙曾至少有2000座以上，但目前现代都市主城区仍保留城墙的城市不足20个，且大多墙体仅为零星遗存。墙体环城一周较为完整的仅荆州、平遥、西安、兴城等几处城墙。荆州城墙有别于其他城市遗存古城墙的突出特点：一是明清城墙墙体及历史风貌遗存十分完整；二是荆州城墙历史沿革悠久，现可见明清城墙之下叠压着三国至唐宋时期的城垣；三是其墙体由砖垣和土垣两部分构成，具有独特的墙体结构；四是有最完整的附属建筑护城河，并共同构成最为完整的荆州古城池。荆州城墙是代表人类创造精神的杰作，具有特殊的历史、艺术和科学价值，是人类古城池建筑史具有代表性的杰出范例。2007年1月，国家文物局将南京、西安、荆州、兴城4城市的城墙联合列入"中国明清城墙"申报世界文化遗产预备名单，拉开了中国明清古城墙联合申遗的序幕[①]。

在国家文物局指导之下，荆州紧密联系配合中国明清城墙联合申遗牵头城市南京市，以荆州城墙保护发展，研究管理工作为抓手，合力推进联合申遗工作。2022年11月挂牌成立荆州古城墙保护发展中心，为荆州古城的有效保护与合理利用提供有力支撑。

一是突出本体保护，加强城墙保护修缮。对城墙裂缝、倾斜等隐患部位进行连续监测和定期安全检查，密切关注重点部位异常情况，根据问题评估等级，在保护遗产要素真实的前提下，分批对文物本体开展重点修复、现状修整、日常养护、防护加固等不同级别的修缮保护，以消除文物安全隐患。

二是规范城墙建设管理，重视环境保护。出台《荆州城墙保护管理办法》，规定荆州城墙保护范围、管理对象、经费来源、职责与义务、奖励

———————————

① 此后陆续有城市加入。至2015年，联合申遗的有南京、西安、兴城、襄阳、荆州、临海、寿县、凤阳、正定、宣化、汀州（长汀）、开封、肇庆、歙县14座明清城墙。它们体现了中国明清时期国都京师和地方州府的城墙遵循尊卑有序的原则，以及都城、王城、府城或州城和卫所规格大小的严格的规定。

与处罚、措施与手段、执行机关等。在不影响荆州城市发展的前提下，以保护历史环境完整性为重点，把城墙相关历史环境按空间尺度分为城墙周边区域及城墙内重要文物点两个层次，在此基础上制定相关规划措施，拆除对历史风貌影响较大的建筑物，开展荆州城墙保护区划内安消防、道路、电力、环卫系统等基础设施建设、改造工程，开展保护范围、建设控制地带内环境整治工程。

三是推动考古研究工作。制定考古勘探计划，按照"既要有利于修缮工程的实施，也要有利于考古工作开展"要求，做好11号马面早期城墙遗迹考古发掘、研究工作，及其他城墙城楼遗址发掘保护工作。开展荆州城墙文物信息数据库建设和档案数字化建设，积极举办"中国明清城墙科学保护研讨会"等活动，与国内其他城墙单位探讨交流新形势下的城墙保护管理及价值研究阐释。

四是加强文物展示利用。在保护的前提下，对城墙进行整体展示的同时，突出重要部位如城楼、藏兵洞、马面、瓮城等，并与城墙内外的历史街区形成景观通廊；改善荆州城墙护城河河滨景观文化带的建设，对游客服务中心进行改造升级、布展等，完善休憩设置、景观小品等展陈设施建设；加大荆州城墙宣传工作，将周边历史风貌和自然资源纳入以荆州城墙保护为核心的历史文化展示圈。

三、"关圣文化史迹"联合申报世界文化遗产

2012年，"关圣文化建筑群"被国家文物局列入世界文化遗产预备名录。但是随着联合国世界教科文组织申遗规则的改变，为了加强合作、突出优势，用最少的名额产生最大的效益，山西、河南、湖北和福建于2020年达成一致，以"关圣文化史迹"项目联合申报世界文化遗产。这不仅是四省六地的共同愿望，也是加强"关圣文化史迹"保护利用、促进对外文化交流和旅游发展的重要举措。

四省六地八处关圣文化史迹包括遗迹、陵寝、祠庙、会馆四大类

型，其时间范畴自直接见证关羽相关活动的公元 3 世纪起，到关圣崇拜信仰顶峰的 19 世纪止，涵盖了关羽从人到神的"神化"演变过程。关圣文化史迹是关羽出世、建功、牺牲、封神等历史事件的最重要的物质见证；是全世界中华文明圈中受众最广、影响最深刻的民间崇拜体系——关圣崇拜的起源、发展、鼎盛的最直接载体；是延续至今的生动、活跃的关圣信仰的最直接的源头；是儒家文化中构建人文伦理和社会关系的核心概念——"义"的最典型的建筑实证。这既是中华文明信仰体系中不可或缺的关键一环，也是人类文明信仰模式中不可替代的一个类型。

　　如前所述，关羽驻守荆州，威震华夏，在荆州地区留下传唱千古的美名。自关羽败亡麦城后，荆州当地便逐渐奉祀关羽为一方神灵，至迟唐宋时已形成广泛成熟、深入人心的地方信仰。明清之际，荆州府城内曾有 6 座关庙。重建的荆州关帝庙至今仍是各地崇奉关羽者往来祭拜的场所，庙内供奉关羽和佛像，亦反映出荆州地区关公信仰多与佛教文化相融合的特征。而荆州城墙是关羽本人留下的唯一历史遗存。根据《荆州府志·城池》记载："今城，楚船官地，春秋之渚宫。秦既拔郢，置南郡。汉因之，三国初属蜀汉旧城，关某①所筑，某北攻曹仁，吕蒙袭而据之。"《元和郡县图志》载："州城本有中隔，以北旧城也，以南关羽所筑。"又据《水经注》云："县曰江陵。旧城，关羽所筑。"后经魏晋、南北朝、隋唐、宋元和明清加筑，至明形成今日城墙基本格局。考古发掘证据证实荆州城墙确有三国时期地层，基本可以明确荆州城墙确曾为关羽所筑。因此，荆州城墙及其由关羽修筑的历史，象征着关羽在当时杰出的统帅地位，也为后世关羽形象不断扩展、提升，为全世界华人所尊崇奠定了精神基础。其次，荆州城墙完整见证了自关羽阵殁后荆州城内关圣崇拜文化的发端、发酵、发展至鼎盛的过程，在关圣相关遗产中具

---

　　① 即关羽。清代《荆州府志》在此避名讳。

有无可替代的重要价值和意义。

根据工作机制和程序，荆州继续推进联合申报"关圣文化史迹"文化遗产项目，并进一步挖掘关公文化现代运用价值，推动关公文化从学术研究到创新应用，再到时代价值的跨越发展，成为城市发展更加自信的文化力量。主要包括对荆州市城区及周边关公古迹和考古遗址、石首市相关文化遗址、洪湖市乌林镇乌林寨等东汉遗址群、公安三国文化遗址以及民间传说等进行详细调查，巩固荆州作为"关公文化之乡"的坚实地位。充分依托荆州关公文化研究会，对荆州地区关圣崇拜文化历史的相关文献史料进行详细梳理和深入研究，持续举办关公朝觐大会、关公祭、关公刀会、关公特种邮票发行式、关公文化高峰论坛等一系列弘扬关公文化的重大活动。举办关公文化学术研讨会，邀请国内外知名研究学者围绕关公精神、关公信仰，多方位、多层次、多角度展开讨论，并结集出版相关理论著作。

四、"楚式漆艺"申报人类非物质文化遗产

漆器是中国文化的典型器物，史前时期中华民族就开始使用漆器。丰富多彩的漆器是楚文化基本特征之一，尤其在髹饰工艺上取得了许多成就，被世界公认为"漆器工艺的高峰"，为后代漆器的发展奠定了基础。两千多年来，这一独具东方文化特色的荆楚传统技艺，一直在荆州地区世代传承，发展脉络清晰，从最开始的贵族身份象征到普通百姓家中的生活用品，漆器的品类越来越齐全，技艺越来越精繁。2011年，楚式漆器髹饰技艺被列入第三批国家级非物质文化遗产代表性项目名录[①]。荆州于2012

---

① 2019年11月，《国家级非物质文化遗产代表性项目保护单位名单》公布，荆州市群众艺术馆（荆州市艺术研究所）获得"漆器髹饰技艺（楚式漆器髹饰技艺）"项目保护单位资格。2023年10月31日，《国家级非物质文化遗产代表性项目保护单位名单》公布，漆器髹饰技艺（楚式漆器髹饰技艺）项目保护单位荆州市群众艺术馆（荆州市艺术研究所）评估合格。

年成立荆楚非物质文化遗产技能传承院，活态搭建生产性保护平台，培养后继人才，为楚式漆器髹饰技艺发展赋能，以漆为主的"非遗+科技+设计+文旅产业+大漆加工产业"的全产业链发展模式正在探索形成中。

荆州市组织成立楚式漆艺申报人类非物质文化遗产领导小组，积极筹备申遗工作，加强对楚式漆艺髹饰技艺的挖掘、整理、申报、保护、传承和开发利用。把申报工作融入楚式漆艺的保护、传承与振兴的过程中，充分利用荆楚非物质文化遗产技能传承院、荆州传统工艺工作站、漆艺传承发展联盟等非遗保护传承平台，健全楚式漆艺髹饰技艺保护和传承创新机制，扩大现代学徒制培育巧匠的传承人队伍，从大漆艺术资源、职业教育与培训、漆树原材料种植、城乡手工艺人传承、研究与宣传展示等方面多管齐下，不断完善全产业链发展模式，进而创建中国"漆艺之都"，做大做强荆州漆艺产业，引领全国大漆产业创新发展。并以申遗工作为契机，以荆楚漆艺文化为源头，深入研究、挖掘阐释楚式漆艺蕴含的丰富文化内涵，不断拓宽漆艺在当代社会的发展空间，使之成为赓续传统、弘扬文化、守正创新、追求时尚的文化符号，积极开展国际宣传推广，进一步提升楚式漆艺的国际影响力，让古老的楚式漆艺在生活中"活"起来，在市场中"火"起来，在保护传承中绽放时代华彩。

五、筹建国内一流的楚文化研究院

为了大力弘扬楚文化，积极整合楚文化核心区域研究机构、大专院校的研究力量，筹建楚文化研究院。根据先易后难的原则，楚文化研究院先期由省社科联、省社科院与荆州市人民政府合办：在纪南文旅区正式设立楚文化研究院，即在区内的楚文化博物院加挂楚文化研究院牌子，实行"院院合一"体制，便于迅速开展楚文化研究与转化工作；待时机成熟，向省委编办申请将楚文化博物院（楚文化研究院）升格为副县级事业单位，进一步提升办院层次，壮大研究力量。后期推动中国社会科学院中国历史研究院、省社科联、省社科院与荆州市人民政府合办。具体由纪南文旅区、市社科联、市文化和旅游局共同承办[①]。

　　楚文化研究院的主要职责是围绕荆州打造"楚文化权威阐释地、场景再现地、活动聚集地、文旅目的地"目标和楚文化研究转化的重要工作以及楚文化专项课题开展研究，推动楚文化创造性转化、创新性发展，促进荆楚文化保护传承示范区建设，为建设示范区、建功先行区，不断铸就中华文化新辉煌、实现中华民族伟大复兴的中国梦，提供精神文化和共同思想基础。具体是：研究楚文化在推动中华文明进程、中华民族形成以及长江文明发展中起到的重大作用和影响；研究楚文化在全国不同楚文化区域和其他区域的深远影响，特别是与中原文化、巴蜀文化、云贵文化的交融互鉴和对古丝绸之路、秦统一中国进程、列国民族政策等方面的影响；研究楚文化对楚国核心区域——湖北省特别是荆州区域的影响；研究新时代楚文化创新性发展、创造性转化的有效对策与路径，提升楚文化的传播力、现代性、时尚感；组织挖掘、梳理和研究楚国优秀文化遗产，研究楚简文献、老庄哲学、楚式建筑、器乐歌舞、楚服楚菜、人文风俗等等，并积极开展楚文化旅游资源开发利用研究，为相关文旅项目落地与建设出谋划策；加强学术交流，联合举办楚文化学术研讨会、展览会和其他各种文化活动；积极向上争取文化项目和资金方面的支持，以及合理、有效地引进良性民间资本，推进楚文化研究成果落地转化。

　　楚文化研究院的运行模式是：一是由纪南文旅区负责人兼任楚文化研究院院长，纪南文旅区楚文化博物院院长任执行院长，负责具体院务。升级为副县级事业单位后，再行调整领导班子。二是成立高规格的学术委员会，为楚文化研究院的最高学术机构。学术委员会由全国楚文化专家学者、相关单位负责同志组成，主任由拥有突出楚文化研究成果，并能积极开展楚文化创造性转化、创新性发展的全国知名专家担任。荆州市人民政府负责保障楚文化重大课题、重大学术活动及重大学术成果的

① 2023 年 4 月 9 日，楚文化研究院（筹）已在荆州揭牌。

荆风楚韵：湖北荆州传承发展荆楚文化研究

宣传推介活动等方面的经费。纪南文旅区负责保障机构的正常运转及完成日常工作任务所必需的开支。按照职责划分，纪南文旅区、市社科联、市文化和旅游局（包括荆州博物馆）分头承担一般课题、学术活动和成果宣传推介活动等方面的经费，并积极向中、省相关部门争取相关项目和经费。

六、推进高等级楚墓抢救性发掘工作

位于八岭山中部的平头冢墓地是国家大遗址保护荆州片区的重要组成部分，已纳入保护利用规划。2011 年至 2018 年，在配合八岭山古墓群保护规划编制、保护和展示工程实施、考古遗址公园建设过程中，荆州博物馆对八岭山墓群开展了长期的考古工作，完成八岭山古墓群地形与文物点分布 1：2000 测绘图，对墓群核心区域进行机载激光遥感测绘及地理环境滤波分析。2011 年，对平头冢墓地进行考古调查及勘探，探明墓地的总体布局和平头冢 1 号墓、2 号墓、车马坑的规模以及墓地的主体内涵。同年，对平头冢墓地环濠、东西墓园通道及西门阙遗址考古发掘 1200 平方米。2018 年，为配合荆州市文物保护"一墓一策"专项工作，荆州博物馆再次对平头冢 1 号墓进行重点考古勘探，初步探明该墓的椁室范围及保存状况。

平头冢 1 号墓封土为覆斗形，底边长约 100 米、高约 13 米，顶部较平坦，中间略向下凹。墓坑平面为"甲"字形，东向偏南有一条墓道，墓坑开口东西长 68 米、南北宽 64 米，深约 13.1 米。椁室东西长约 19.6 米、南北宽约 18.8 米。根据勘探结果，平头冢 1 号墓椁室总体保存较好，面积 370 平方米左右，远大于已经发掘的天星观 1 号墓（封君级）、包山 2 号墓（左尹）、望山桥 1 号墓（上大夫级）的椁室面积。据此推测，平头冢 1 号墓是楚国高等级贵族墓的典型代表[1]，其随葬品数量将是巨大的。按照以往

---

[1] 目前有专家推测平头冢 1 号墓是楚怀王熊槐（约公元前 355 年至公元前 296 年）的墓。

发掘楚墓的经验，如若墓室保存完整，必将有大量的青铜器、丝绸、玉器等珍贵文物出土，一定会解决当前楚文化研究中的许多问题，有利于突破楚文化研究的瓶颈，价值无可估量。

经地质勘查发现，平头冢墓地周边地下水位很低，由于墓室季节性有大量地表水浸入，而墓室内填土中夹杂大量砂岩碎块，蓄水性能差，因此墓室内存在不定期的干湿交替状况，而且周围农、林业用水频繁，更是加剧干湿交替的频率及程度，这对随葬文物尤其是有机质文物的安全保存十分不利。考古勘探发现一处盗洞，位于封土西北部，可能已经对地下文物埋藏环境产生不利影响。随着椁室保存环境的变化，文物腐化裂变逐渐加剧，有机质文物极易在短时期内糟朽腐败。为了避免地下的珍贵文物继续毁坏，亟须开展抢救性考古发掘工作，使得地下文物得到及时保护。

由此，成立由湖北省文旅厅、荆州市政府主要领导任组长的领导小组，统筹推进高等级楚墓考古工作，协调组建由湖北省文物考古研究院、荆州博物馆、荆州文保中心共同参与的工作专班，秉持"课题引领、科技护航、信息共享"的理念，撰写考古发掘和文物保护方案，积极争取国家文物局的考古发掘审批和经费支持，开展科学发掘和系统研究，及时抢救地下珍贵文物，引领和带动大遗址荆州片区的保护利用工作，促进荆州市国家文物保护利用示范区创建。

组建队伍。湖北省文物考古研究院、荆州博物馆都是较早取得考古发掘团体领队资质的单位，专业人员多，技术力量强，几十年来，完成过多项大型考古发掘项目，积累了丰富的大型楚墓发掘经验。荆州文物保护中心是国家文物局首批可移动文物技术保护设计甲级资质单位和可移动文物修复一级资质单位，在出土饱水木漆器、简牍保护和出土丝织品文物保护修复等方面具有突出的技术优势，对土遗址的保护也具有丰富经验，能够确保出土文物尤其是有机质文物的安全。三家单位联合组队，完全可以胜任考古发掘工作。

课题引领。在考古发掘前预设课题若干个，通过课题研究的引领带

荆风楚韵：湖北荆州传承发展荆楚文化研究

动，确保考古发掘工作的科学性与学术性。在考古学研究方面，开展楚国贵族"公墓"选址因素及墓园制度、荆州八岭山东周高等级陵园制度、八岭山古墓群与楚故都纪南城的时空关系、东周时期楚国上层贵族葬礼等课题研究。根据平头冢1号墓考古发掘及出土遗物情况，联合环境学、动物学、植物学、人类学、生命科学、历史地理、金属矿产、历史文献等方面的高等院校、科研院所组建科研团队，适时开展多学科课题研究。

科技护航。针对文物保存现状，充分运用现代成熟科技手段为发掘工作保驾护航。现场建设8000平方米的考古方舱，内设无接触式考古航架系统、传输索道、3D打印机、便携式X射线探伤仪等设施设备用于考古发掘工作。建设现场文物保护工作站，设置文物保护及考古工作室，实现考古发掘、系统科学研究与现场文物保护的有效结合，搭建特殊文物现场高科技应急保护平台，针对可能出土的简牍、丝织品等的珍贵脆弱的有机质文物，建立低氧恒湿保存舱，为后续的保护修复工作做好准备。

信息共享。开展机载激光遥感测绘，建立数字地表模型、墓室整体三维模型，制作墓冢虚拟三维交互程序和演示动画。广泛运用各类新媒体平台，开通专门的公共账号，通过图文、视频、直播等形式，及时向公众发布信息，适时在中、省电视媒体上开展考古发掘现场直播，视频连线顶尖专家学者，最大程度扩大影响力，充分展现荆楚形象。

七、策划举办国内外知名的楚文化节

办一场盛典、兴一座城市。重大节事活动是国际公认的城市核心文化表征，是民族文化传承与国际文化交流的重要时空载体，也是社会文明发展到一定程度的显著标识。举办重大节事活动对城市形象提升、城市基础设施改善、城市空间拓展、城市功能布局等产生深远的影响，以此来促进城市发展已成为当前一种重要的城市发展策略。同时，精心打造重大节事活动品牌，是讲好荆楚故事、中国故事，提升荆州乃至我国文化国际话语权的必然要求，也是推动中华文化、长江文化、荆楚文化走向世界的重要手段。构建重大节事活动的品牌体系，可以释放强大的人文效应，进一步提升城市的知名度、美誉度和文化的影响力、吸引力。荆州每两年定期举办楚文化节，以节聚势、以节为媒、以节赋能、以节惠民，将文化力量、活动流量转化为城市能量，叫响"楚国故都"城市品牌，它是荆州文化的表达，也是荆州精神的体现，更是荆州借历史传承，彰显时代担当、引领时代发展的强大气场释放。

　　首届楚文化节于 2023 年 3 月 18 日至 4 月 9 日在荆州举办。它以"传承创新·楚韵荆州"为主题，通过精彩纷呈的开幕式、楚商盛会暨重大招商项目签约仪式、楚文化传承发展论坛暨第五届楚文化国际学术研讨会、2022-2023 年度电影频道 M 榜暨中国电影大数据盛典 4 项主要活动，以及楚史展览、楚艺大观、楚戏会演、楚肆赶集、楚地寻游等 5 大版块子活动，并发布"千年古城"探秘之旅、"楚韵纪南"寻根之旅、"楚式非遗"溯源之旅 3 条楚文化精品旅游线路，多元展示荆州璀璨夺目的历史文化、重商亲商的人文环境，立体呈现荆江两岸现代化建设的蓬勃生机，擦亮城市文化名片，促进文旅融合发展，使节庆成为荆楚文化交流和传承的重要载体，又让文化力量源源不断转化为发展能量，实现文化与经济的双赢。

　　荆州首届楚文化节举办前后，短期内将全国乃至全球目光高度聚焦于这座千年古城，打了一次经典的城市品牌营销战。首先，全方位冲榜扩圈，全平台全渠道传播，楚都荆州活力之城、魅力之城、文化之城惊艳全国的新 IP 呼之欲出。活动期间，荆州融媒总计推送楚文化节相关短视频 600 多条次，阅读总量 2.4 亿，多次登上区域榜单第一。先后策划关于楚文化节相关话题 20 多个，总体产生超 10 亿以上的流量。其次，用好直播大资源，强化二次传播引爆，形成一个引爆千年楚都，展示荆州楚文化魅力的持续高潮。通过开闭幕式两场大直播，全球亿万受众感受到了千年楚文化独特魅力和浪漫楚都古朴与美丽。之后一系列爆款融媒体产品，让"楚文化节""荆州""荆州古城"等持续成为网络热词，较高的网络热度一直持续到当月下旬，使人们重新认识荆州、了解荆州，也产生了向往和拥抱荆州的冲动和热情。第三，通过线上线下交相发力，进一步借专家学者之口，强化"灿烂楚文化，鼎盛在荆州"的观念。同时又引导人们积极思考：荆州可以从影视作品引流、数字技术呈现、舞台展演表达、饮食文化传播、文化产品创新等方面发力，把灿烂楚文化资源优势转化成文化产业优势。第四，通过深入挖掘楚文化节背后的深厚内涵，引导舆论，总结活动成果和收获，引导和启迪主管部门和社会各界，如何通过大型活动，来塑造荆州城市品牌形象，打造荆州城市新IP的思维①。

此外，首届楚文化节系列活动一线串珠，持续引爆。第四届荆楚美食节上，全国首个"楚菜地标美食城市"落户荆州；百名电影人打卡晒照，持续为大美荆州引流；为期20天的"盛世回归·圆明园兽首特展"，吸引11万人次打卡荆州博物馆；楚商盛会暨重大招商项目签约仪式上，签下64个5亿元以上项目，总投资额1297.3亿元，包括3个百亿元项目和4个50亿至100亿元项目，含金量、含科量、含绿量高，战略性、引领性、带动性强。流量关注，商机聚焦。线上线下，民众踊跃，流量关注，商机聚焦，共同缔造了网络时代"一夜成名"的"荆州神话"。

荆州楚文化节是荆楚文化保护传承示范区建设的一项标志性工程。首届楚文化节是一次辉煌的文化盛宴，更是城市名片"借节出圈"的创新探索，也印证了文化是城市的核心和灵魂、是发展的重要驱动力的论断。它以前所未有的速度、力度提升了荆州的知名度，扩大了影响力，是文化赋能城市发展的成功尝试，也是传统文化转化为发展动能的良好开端。下一步还要把首届楚文化节取得的丰硕成果转化好、运用好，持续推动节会由物质效益向精神效益拓展、由文化效益向产业效益拓展、由单一效益向综合效益拓展、由短期效益向长期效益拓展，让楚文化在新时代焕发新光彩，真正成为赋能荆州经济社会高质量发展的动力源泉。

---

① 参阅《荆州一战成名！首届楚文化节，一次经典的城市品牌营销战》（2023年6月3日），https：//baijiahao.baidu.com/s?id=1767649379793814611&wfr=spider&for=pc.

八、精心策划荆楚文化主题大型沉浸式演艺

看一场演出，爱上一座城。近年来，沉浸式演艺在文旅市场大放异彩，精品佳作迭出，风靡全国，与游客之间形成一种"双向奔赴"。从供给侧看，沉浸式演艺深度激活当地文旅资源，释放文旅消费活力，为文旅业的高质量发展注入新的动能，促进产业链条的延伸和拓展，成为推动地方经济转型升级、提升城市品牌形象的关键力量。从需求侧看，沉浸式演艺注重故事性与观赏性的结合，打破传统"镜框式"舞台的局限，通过集成科技、智慧、创意等，或还原跨越时空的历史场景，或勾勒超越现实的魔幻梦境，营造交互式空间和叙事性空间，提供的既有以视觉、听觉、触觉、嗅觉等为主的感官体验，又有叙事性和故事性的情感体验，还有追求价值认同的精神体验，极大地增强了游客的参与感和记忆点，使得旅游不再仅仅是走马观花式的游览，而是一场场深刻的文化体验之旅，高度契合游客充分感受当地历史文化、民风民俗的愿望。沉浸式演艺作为文旅融合的新业态、新模式，它是一个"旅游让文化产业化，文化让旅游内容化"的双向赋能过程。随着数字技术、人工智能等现代科技的深入应用和游客对多元化、个性化体验需求的不断增长，沉浸式演艺也将迎来更加广阔的发展空间和无限可能，进一步彰显其在地方文旅创新驱动、体验为王和产业链协同方面的重要作用。

荆州市邀请国内外一线文旅演艺著名导演和创作团队，借鉴郑州"只有河南·戏剧幻城"、武汉"知音号"、上海"不眠之夜"等近年来现象级作品的成功经验，对荆楚文化元素、意象、符号进行深入挖掘提炼和艺术化演绎再现，大手笔创作推出一部体现荆楚文化的沉浸式演艺精品剧目。该剧以"轴心时代"希腊和楚文化闪耀的文明之光作为经典故事创作的源泉，汲取"轴心时代"楚文化闪耀的璀璨的哲学思想、生活生产、文学艺术等文明成果的文化内涵，演绎古楚国筚路蓝缕的崛起之路、美政之思的治国安邦、精彩纷呈的生活场景、浪漫瑰丽的文艺绝唱、跌宕起伏的军事

荆风楚韵：湖北荆州传承发展荆楚文化研究

战役和帝国消亡的历史史诗。通过"山水实景＋声、光、电"科技手法，"视""触""听""嗅"沉浸式交互体验，让观众身临其境地感受到荆楚文化蕴含的悠久历史、绵延生机和精神特质，形成当代东西方文明交流互鉴的现实样本，进一步启发返本开新、和而不同、和谐共生的精神指引和强大的精神动力。

九、抓紧荆州古城疏散和创建 5A 级旅游景区工作

荆州古城作为首批国家历史文化名城、展示荆州历史文化的核心区，加强科学合理保护利用，是关系传承荆楚文脉、推动荆州高质量发展的大事。

在长期发展中，荆州古城出现功能布局不够科学、人口拥挤、道路堵塞、老旧小区众多等问题。功能过度集中是古城保护的最大堵点，文旅产业层次低是古城开发的最大短板。具体表现为：一是功能布局失衡。古城先天不具备较完整的现代城市功能，而古城内除传统居住、商业、服务业之外，市区两级为全市和全区服务的机关、学校、医院等行政事业单位有216 个，占用城内总面积 20% 左右的核心区域。城内的服务主体功能受限于空间狭小，城外的服务对象受制于获取通道狭窄。二是人居环境不堪重负。面积 4.5 平方千米的古城内辖 2 个街道办事处、12 个社区居委会，现有户籍人口 9.8 万人，日常活动人口有 12 万至 14 万人。近年来人流量、车流量与日俱增，加上河城围合，进出古城的通道口集中在几个主要城门，城门口径有限；极易拥堵，严重影响古城保护和居民生活，潜在安全隐患大。三是历史风貌受损严重。荆州古城的文物价值贵在城垣完整、城河一体，但城内居民的日常活动不可避免的会对古城保护造成不利影响，街巷密布，楼房矗立，古城历史文脉肌理尽失。

2020 年底，荆州启动古城 5A 景区创建。根据国内先行经验，以及平遥古城、西安古城等保护开发的成功案例，第一步都是做好功能疏散和人口疏散。因此，荆州成立"荆州古城保护疏散和创建国家 5A 级旅游景

区领导小组"，统筹推进荆州古城保护疏散和历史文化旅游区建设，有利于更好开发和保护古城文化资源，为突破性发展文化旅游产业提供强力支撑。

统筹推进，创新保护利用机制。充分发挥领导小组作用，加强在古城人口疏散、文物保护修缮、民生改善保障、文化旅游开发、国有资产管理等方面的统筹协调、顶层设计、政策制定和工作推进，逐项明确责任主体、工作要求、时间安排，确保保护利用工作有力有序推进。

顶级谋划，编制高标准规划。聘请国内外著名规划机构，用世界文化遗产的标准、最先进的保护理念和国际一流的规划水准进行整体设计，加快推进《荆州历史文化名城保护规划（2018—2035）》《荆州环古城综合城市设计》《荆州古城疏散十四五规划》等修编，实现城市总规、名城保护规划、古城墙保护规划的"多规合一"。依据规划推进业态重构和功能重构，依法依规对城墙本体内侧进行保护性整修整理，对标国家5A级旅游景区验收标准，突破传统景区5A创建的路径，实现古城核心资源文物保护的特殊性和景城共建相统一。

难点先行，全力推动人口疏散。按照《荆州古城保护疏散实施方案》，大力推进古城功能疏解和人口疏散，有效整合资源，有序推进搬迁。截至2024年上半年，荆州古城累计完成外迁疏散项目93个，腾退建筑面积41.5万平方米，疏散常住人口4.7万人。腾出的空间先高水平规划，再高水平利用。已改造老旧小区220个，加速推进"古城小样板"等保护性开发项目，实施一批补短板、强弱项工程，实现文化之城、生态之城、旅游之城的目标。

十、全力打造国家长江文化公园荆州样板段

建设国家文化公园是党中央加强中华优秀传统文化传承发展的重大决策部署和推动新时代文化繁荣发展的重大工程。它旨在通过整合具有突出意义、重要影响、重大主题的文物和文化资源，实施公园化管理运营，实

现保护传承利用、文化教育、公共服务、旅游观光、休闲娱乐、科学研究功能，形成具有特定开放空间的公共文化载体集中打造中华文化重要标志。党的二十大报告明确要求"建好用好国家文化公园"。

万里长江是中华民族的母亲河，长江文化是中华文明的壮丽篇章。2020 年 11 月 14 日，习近平总书记指出："要把长江文化保护好、传承好、弘扬好，延续历史文脉，坚定文化自信。"①2022 年 1 月，国家正式启动长江国家文化公园建设。荆楚文化是长江文化的杰出代表，具有鲜明的湖北地方人文特色，在中华文明发展史上地位举足轻重。2023 年 7 月由文化和旅游部、国家文物局、国家发展改革委联合印发的《长江文化保护传承弘扬规划》中，"荆楚文化"是长江文化的 7 大文化片区之一。湖北作为长江国家文化公园建设的重点省份之一，建设长江国家文化公园与传承发展荆楚文化有着地理位置上的重合性和价值目标上的一致性。荆州是荆楚文化的根脉所在，荆江文化本身就是长江文化的重要组成部分。因此，把建设长江国家文化公园（荆州段）与传承发展荆楚文化有机结合起来，打造样板示范，是题中应有之义。

打造国家长江文化公园荆州样板段，首先需要全面开展荆州段长江文化资源调查，系统阐发荆江文化的精神内涵，深入发掘荆江文化的时代价值，提炼荆江文化精神标识，精准定位长江国家文化公园（荆州段）特色。其次，科学编制长江国家文化公园（荆州段）建设实施方案，合理划定管控保护、主题展示、文旅融合、传承利用四大功能区，筹划文旅融合、环境配套、数字再现、文明交流互鉴等重点工程，健全文化传承发展保障机制。再次，通过围绕史前文明、楚文化、三国文化、红色文化、水利遗产、工业遗产、非物质文化遗产等长江文化主题组团，推进中国楚文化博物院、荆江水文化展示带、湘鄂西苏区革命斗争中心、沧水大坝工程

---

① 习近平主持召开全面推动长江经济带发展座谈会并发表重要讲话（新华社南京 2020 年 11 月 15 日电），引自中国政府网 https://www.gov.cn/xinwen/2020-11/15/content_5561711.htm.

纪念园、石首天鹅洲长江故道地理文化公园等荆江文化阐释展示重点项目建设，打造荆江文化地标，构建推广传播矩阵，做好荆楚文化的研究宣传阐释，增进荆楚文化的交流合作传播，生动呈现荆江文化的独特创造、价值理念、鲜明特色，构筑起荆楚长江文化高地，让浩荡延绵的大美荆江与源远流长的荆楚文化相映生辉、诗意流淌，唱响文明传承与弘扬的"长江之歌"，绘就生机勃勃的新时代"千里江山图"。

附　表

荆州历史沿革简表（清代以前）

朝代		起讫年代	荆州行政建制	大事记
旧石器时代		距今5—2万年		鸡公山遗址是迄今中国最早发现的旧石器时代的远古人类在平原地区的活动遗迹。
新石器时代	早期	前4300—前3000年		江陵毛家山，公安王家岗等地大溪文化遗址。
	中期	前3000—前2600年		荆州阴湘城，石首走马岭等屈家岭文化遗址。
	晚期	前2600—前2070年		松滋桂花树，江陵蔡家台和张家河等石家河文化遗址。
夏		前2070—前1600年	禹划九州，始有荆州	江陵荆南寺，张家山，梅槐桥，周梁玉桥等古文化遗址。
商		前1600—前1046年	商国南土	
周	西周	约前1046—前771年		前9世纪，楚君熊渠封子熊康为句亶王； 前689—前278年，楚文王迁都于郢。穆王（12）、庄王（23）、共王（31）、康王（15）、郏敖（4）、灵王（12）、平王（13）、昭王（27）、惠王（57）、简王（24）、声王（6）、悼王（21）、肃王（11）、宣王（11）、威王（30）、怀王（30）、顷襄王（36）立都荆州。 昭王十年（前506年），吴师入郢。悼王二十年（前382年），吴起变法。 （秦）昭襄王二十九年（前278年），秦将白起拔郢，置南郡，始设江陵县。屈原投江。
	春秋（前770—前476年） 战国（前475—前221年）		楚勾亶王藩：楚渚宫、楚船官地 楚国都城（前689—前278年） 秦南郡（辖县10）治所。	

荆楚风韵……湖北荆州传承发展荆楚文化研究

朝代		起讫年代	荆州行政建制	大事记
秦		前221－前207年	南郡（辖县10）治所	始皇三年（前219年），秦始皇东巡江陵。
汉	西汉	前206－8年	临江国都城（前206－前202年） 汉临江王藩（前155－前153年） 汉临江王藩（前150－前148年） 南郡（辖县18）治所，属荆州刺史部。	高祖元年（前206年），项羽封共敖为临江国王。 高祖五年（前202年），杀临江王共尉。复设南郡。 景帝前元二年（前155年），改南郡为临江国。封皇子刘阏为临江王。 景帝前元四年（前153年），临江哀王刘阏卒，无子国除。复南郡。 景帝前元七年（前150年），封废太子刘荣为临江王，复改南郡为临江国。 景帝中元二年（前148年），临江闵王刘荣自杀，无子国除。复南郡。 武帝元封五年（前106年），始设荆州刺史部（治武陵郡汉寿县，辖6郡1国，115县），南郡属之。
	新	9－23年		初，南郡改称南顺郡。
	东汉	25－220年	东汉江陵王藩（79－86年）治所，初为南郡治所，后为荆州牧（辖郡7，县117）治所兼为南郡治。	初，复南顺郡为南郡。 章帝建初四年（79年），徙封巨鹿王刘恭为江陵王，改郡为江陵国。 元和三年（86年），江陵王徙封六安王，江陵国复为南郡。 献帝建安十三年（208年），赤壁之战。 献帝建安十四年（209年），孙权拜刘备为荆州牧（治公安），周瑜为南郡太守（治江陵）。 献帝建安十五年（210年），刘备借荆州（治江陵）。 献帝建安十六年（211年），刘备入蜀，关羽守荆州（治江陵）。 献帝建安二十四年（219年），吕蒙袭江陵，关羽败走麦城，南郡归吴。 曹仁、徐晃驻守江陵，后败走。
三国		魏（220－265年），蜀（221－263年），吴（222－280年）	吴江陵侯藩（222－245年）治所，吴荆州（辖郡6）治所，兼为南郡（辖县9）治所。	

朝代		起讫年代	荆州行政建制	大事记
晋	西晋	265—316年	西晋楚王藩（289—291年），属南郡（辖县11）治所，荆州。	武帝泰始八年（272年），吴陆抗、张咸作大堰（今海子湖），蓄水以擂晋军。武帝太康元年（280年），杜预攻占江陵。改南郡为新兴郡。
	东晋	317—420年	东晋江陵伯藩（322—324年）、东晋江陵公藩（326年和405年两次设立）荆州（辖郡22，县169）治所兼为南郡（辖县11）治所。**东晋安帝都城（404—405年）**。	穆帝永和元年（345年），桓温、陈遵监造金堤，是荆江筑堤之始。安帝元兴三年（404年），荆州刺史桓玄废晋安帝自立，国号楚；旋为冯迁所杀。安帝义熙元年（405年，**晋安帝司马德宗（2）** 在江陵复位，后回建康（南京）。
南北朝	五胡十六国	304—439年		
	宋（420—479年）、齐（479—502年）、梁（502—557年）、陈（557—589年）北魏（386—534年）、东魏（534—550年）、西魏（535—556年）、北齐（550—577年）、北周（557—581年）		宋、齐、梁南郡王藩（453年设）、齐江陵公藩（494年设）、梁新兴王藩（550年设）、**南朝齐和帝都城（501—502年）**、**南朝梁元帝都城（552—554年）**、**南朝后梁都城（555—587年）**荆州（辖郡12，县48）治所。	宋文帝元嘉元年（424年），宜都王荆州刺史刘义隆被拥立为帝。齐和帝中兴元年（501年），**齐和帝萧宝融（2）** 即位于江陵。次年，禅位于梁武帝萧衍。梁元帝承圣元年（552年），**梁元帝萧绎（3）** 称帝于江陵。梁元帝承圣三年（554年），西魏攻占江陵，杀萧绎（萧衍第七子）。**梁宣帝萧詧（8）** 即位，史称"后梁"。梁置江陵总管府监视。西魏置都督江陵诸军事。梁宣帝大定八年（562年），萧詧（昭明太子萧统第三子）卒，**梁明帝萧岿（23）** 嗣位。

朝代	起讫年代	荆州行政建制	大事记
隋	581-618年	荆州总管府（辖州36）治所，兼为荆州（辖县9）治所。	文帝开皇五年（585年），萧岿（萧詧第三子）卒，**梁孝靖帝萧琮**（2）嗣位。 文帝开皇七年（587年），萧岿，废梁国，萧琮（萧岿之子）降封莒公。复置江陵总管府。 文帝开皇二十年（600年），改称荆州总管府。炀帝大业年（605-618年）初，复称南郡。 炀帝大业十三年（617年），萧铣（萧詧曾孙、萧岿弟萧岩之孙）割据江陵，称梁王，年号鸣凤。
唐	618-907年	**隋后梁都城（618-621年）** 唐荆王潘（636年设） **南 南 都（760-761年，762-？）** 荆州大总管府（辖州22）治所，后为荆州大都督府治所，荆南节度使治所，兼为山南东道江陵府（辖县5）治所。	高祖武德元年（618年），**梁帝萧铣**（4）自立于岳阳，随即迁都江陵。 高祖武德四年（621年），杀萧铣。改称荆州。 高祖武德五年（622年），置大总管府。 玄宗开元二十一年（733年），属山南东道江陵府，设荆州大都督。 玄宗天宝元年（742年），改称江陵郡。 肃宗至德二年（757年），置荆南节度使，治所江陵。 肃宗乾元元年（758年），复称荆州大都督府。 肃宗上元元年（760年）九月，置南都（别都）于荆州，荆州升为江陵府；上元二年（761年）九月，荆南都，停设。 肃宗宝应元年（762年）二月，复以江陵为南都（何时罢设，史无明载）。

朝代	起讫年代	荆州行政建制	大事记
五代十国	后梁（907-923年） 后唐（923-936年） 后晋（936-947年） 后汉（947-950年） 后周（951-960年） 十国（902-979年）	**荆南国都（924-963年）** 江陵府（首都）治所	后梁太祖开平元年（907年），封高季兴为荆南节度使（仅江陵一地）。 后梁乾化二年（912年），高季兴始筑砖城。 后唐庄宗同光二年（924年），**荆南国武信王高季兴（5）称帝，都江陵**。南氏割据政权始。 后唐明宗天成三年（929年），高季兴卒，子荆南国文献王高从诲（20）嗣位。 后汉隐帝乾祐元年（948年），高从诲卒，子荆南国贞懿王高保融（13）嗣位。
北宋	960-1127年	宋荆南淮王潘（1035年） 荆湖北路（辖府2，州10，军2，县49）治所、江陵府、荆南节度治所、靖安军治所（1102年设）	太祖建隆元年（960年），高保融卒，弟荆南国贞安王高保勖（3）嗣位。 太祖建隆三年（962年），高保勖卒，荆南国德仁王高继冲（2）任荆南节度。 太祖乾德元年（963年），高继冲纳土降宋。置江陵府。 徽宗崇宁元年（1102年），江陵设棻军，称靖安军。
南宋	1127-1279年	荆湖北路江陵府治所 荆南节度府治所（1134年设）	高宗建炎四年（1130年），改称荆南府。 孝宗淳熙年间（1174-1189年），复称江陵府。
辽夏金	辽（907-1125年） 大理（937-1254年） 西夏（1032-1227年） 金（1115-1234年）		

附表

朝代	起讫年代	荆州行政建制	大事记
元	1206—1368年	河南江北行省上路（中兴路）总管府（辖县7）治所	（宋）恭宗德祐元年（1275年），元军攻占江陵。毁江陵城墙。 世祖至元十三年（1276年），改荆州府为上路总管府。 文宗天历元年（1328年），怀王图帖睦尔自江陵北上，至大都即帝位。 文宗天历二年（1329年），改江陵上路总管府为中兴路（治江陵），属河南行省。 顺帝至正十二年（1352年），徐寿辉、陈友谅攻占江陵。 顺帝至正二十四年（1364年），吴王朱元璋攻占江陵，改中兴路为荆州府（治江陵），属湖广行省。
明	1368—1644年	明湘王藩（1378—1399年）明辽王藩（1399—1568年）明惠王藩（1601—1642年）荆州府（辖州2县13）治所	太祖洪武十一年（1378年），封皇子朱柏为湘王于荆州。 惠帝建文元年（1399年），湘王朱柏自杀。徙封辽简王朱植于荆州。 穆宗隆庆二年（1568年），辽王朱宪㸅有罪废为庶人。 神宗万历十年（1582年），张居正逝世，归葬荆州。 神宗万历二十九年（1601年），封皇子朱常润为惠王。熹宗天启七年（1627年），惠王就藩于荆州。 思宗崇祯十五年（1642年），李自成攻占荆州，惠王避难弃国南逃。

朝代	起讫年代	荆州行政建制	大事记
清	1616-1911年	湖北省（荆宜道）荆州府（辖县7）治所；荆州驻防八旗将军府治（1683-1911年）	世祖顺治元年（1644年），张献忠毁荆州城。 世祖顺治二年（1645年），清军占领荆州府。 圣祖康熙十五年（1676年），吴三桂部攻打荆州（松滋）不克。 圣祖康熙二十二年（1683年），在荆州设八旗驻防，为全国十三大将军府之一。 德宗光绪二年（1876年），《烟台条约》签订，准许英国轮船在沙市停靠。 德宗光绪二十一年（1895年），《马关条约》签订，沙市开关通商。 德宗光绪二十四年（1898年），准许日本在沙市设租界。 宣统三年（1911年），武昌起义后，荆州光复。

说明：

1. "荆州行政建制"栏中，黑体字为国都，楷体字为藩王都城；"大事记"栏中，黑体字为在荆州（江陵）建都的帝王及其在位时间。

2. 自公元前689至公元963年，先后有六个朝代的34位帝王在荆州（江陵）建都立国，历时约500年。其中，楚郢都（前689-前278年），二十王国都（前206-前202年），两王5年；晋安帝（404-405年），一帝2年；齐和帝都（501-502年），一帝2年；梁元帝都（552-554年），一世2年；后梁都（555-587年），三帝33年；萧铣帝都（618-621年），一帝4年；荆南国都（924-963年），四世五王40年。另外，唐代两度以荆州为南都（别都），至少3年。除建都外，荆州一直是郡、府、州、路治所。

参考书目

1. 张正明 . 楚文化史 [M]. 上海：上海人民出版社，1987.

2. 王生铁 . 楚文化概要 [M]. 武汉：湖北人民出版社，2013.

3. 曹流 . 山水有道：武当太极文化产业发展研究 [M]. 武汉：华中科技大学出版社，2014.

4. 于元 . 荆楚文化 . 长春：吉林文史出版社，2010.

5. 荆楚文化研究中心，荆州市艺术研究所 . 楚文化简明读本 [M]. 武汉：湖北美术出版社，2012.

6. 邵学海，等 . 楚文化的发祥地 [M]. 武汉：湖北人民出版社，2011.

7. 杨权喜 . 楚文化 [M]. 北京：文物出版社，2000.

8. 蔡靖泉 . 荆州楚文化 [M]. 武汉：湖北人民出版社，2010.

9. 张雪年 . 荆州三国文化 [M]. 武汉：长江文艺出版社，2005.

10. 湖北省历史学会，江陵古都学会，江陵名城研究会 . 南国名都江陵——它的历史与文化 [M]. 武汉：湖北教育出版社，1993.

11. 湖北省荆州地区地名办公室编写组 . 荆州揽要 [M]. 上海：学林出版社，1985.

12. 中共荆州市委党史办公室 . 中国共产党荆州简史 [M]. 武汉：湖北人民出版社，2003.

13. 《荆州百年》编纂委员会 . 荆州百年（上卷）[M]. 北京：红旗出版社，2004.

14. 杨中永 . 荆州水文化 [M]. 武汉：长江文艺出版社，2008.

15. 肖作武，胡方萍 . 荆州古城文化概览［M］. 武汉：华中师范大学出版社，2016.

16. 荆州市文化局 . 荆州览胜［M］. 武汉：湖北美术出版社，2000.

17. 简尚高 . 荆州古城文化精选［M］. 北京：科学出版社，2008.

18. 荆州市商务局 . 楚味荆州［M］. 武汉：湖北科学技术出版社，2020.

后 记

　　2022 年 12 月中旬，有幸受武汉大学国家文化发展研究院教授、武汉大学景园规划设计研究院院长张薇老师的邀请，赴荆州参与编制《荆楚文化保护传承示范区规划》等的调研考察，印象深刻，感触颇多。在规划论证、编写过程中，我本人既认真思考分析，又参加团队探讨交流，彼此借鉴启发。除了团队负责人张薇教授外，其他成员分别是：钟晟（武汉大学国家文化发展研究院，副研究员）、张大鹏（中南财经政法大学工商管理学院，副教授）、李俊辰（湖北大学旅游学院，讲师），以及武汉珞珈宜景园创规划设计有限公司技术总监易莲红、规划师刘沛阳等。通力合作下，该规划比较顺利地完成。而我被这一主题激发的兴趣和热情仍然不减，继续全面深入研究，尤其着力于探析荆楚文化传承发展的理论逻辑建构，时断时续。最终在 2024 年 10 月初至 11 月初的一个月间，专注精神写出初稿，后续不断修订完善。

　　写作中，参考了前人时贤的相关研究成果；第四章的图示由易莲红绘制；景物图片除了作者拍摄，其他的来自网络，难以一一说明。对此一并表示诚挚的感谢。限于学识和水平，本书的欠缺和不足，敬请读者批评指正。

本项研究开始后不久，2022 年 12 月 25 日，我敬爱的父亲溘然长逝，享年 82 岁。本书付梓，也寄托着我对父亲的深切怀念。

曹流

2025 乙巳年春节，五十有五

于湖北经济学院汀兰苑